数字媒体艺术专业“十二五”规划教材

跨媒体营销策划与设计

谭笑 编著

中国传媒大学出版社
·北京·

目 录

第一章　21 世纪的媒体

■ **本章内容：**

21 世纪的媒体，处于一个多种媒介共同存在，且相互融合的复杂局面。这一局面的由来主要归于信息和传播的不断膨胀。“信息和传播的膨胀是当今世界发展的逻辑现象，其中最核心的构成是媒介。”[①]媒介存在方式多样化、复杂化，是 21 世纪媒体的最大特点。

媒介，广义是指使事物之间发生关系的介质或工具，如纸、笔等；狭义指传者和受者之间的某种信息交流的实体，如广播、电视、报纸等。也就是说，“媒介是一个社会的中介者和控制者，它负载的信息作用到人的身上，对人的行为产生影响，从语言方式、行为方式到思维方式”。[②]

本章的主要内容，就是从媒体演变、媒体格局、媒体与人之间的互动关系的层面对媒介的概念和属性进行概述，进而解读 21 世纪的媒体环境，并对传统媒体和新媒体的发展现状进行阐释，同时分析不同类型媒介所面临的机遇与挑战。

---

① 陈卫星：《传播的观念》，人民出版社 2004 年版，第 9 页。
② 陈卫星：《传播的观念》，人民出版社 2004 年版，第 11 页。

第一节 传统媒体

传统媒体主要是相对于近几十年兴起的以网络媒体为主要力量的新媒体而言的。媒体的主要功能是传播信息，不同媒体所采用的传播信息的方式不尽相同，传统媒体的信息传播方式是通过某种机械装置定期定量向社会公众发布信息内容，或通过提供一定的媒介平台来进行信息传播，报刊、户外广告、广播、电视等均属于传统媒体。对传统媒体进行解读，需要从传统媒体的分类及发展历程，传统媒体的特征及发展现状等方面进行充分考量。

一、传统媒体的历史发展进程及分类

（一）传统媒体的历史发展进程

人类从中世纪到 20 世纪，经历了从印刷媒体到电子媒体的发展过程，而媒体的更新，间距越来越短：从语言到文字的变革历时几万年，从文字到印刷术的变革历时几千年，从印刷术到电视、电影的变革历时四百年，而从电视到新媒体的变革只用了几十年。

媒体的出现和每一种全新的媒体形态的出现，都改变了人类社会的信息传播状态，极大地拓展了人类的认识范围，简化了人类获取信息的方式，增强了人类加工和处理信息的能力，而这种能力，也正是人类社会变革所需的积极因素。

公元 105 年，蔡伦利用破布、麻头、旧渔网等制造出了纤维纸，纸张代替了羊皮、丝绸等昂贵的书写材料，降低了文字传播中媒体的成本。公元 11 世纪，毕昇发明了活字印刷术，随后印刷机的诞生使人类社会第一次实现了信息的大批量生产和复制。图书、报纸等印刷媒体的普及使人类社会摆脱了依靠人力进行的知识存储方式，也带来了大众的阅读，这与经济、教育的发展一起提高了平民的识字率。

进入 20 世纪，无线电广播出现。广播通过电磁频谱的无线电波传送，使人类第一次实现了声音的超远距离传播，进而成为人类社会信息交换、上传下达的重要工具。

随着电子技术的不断发展，电视登上媒体发展的历史舞台。1936年，英国广播公司（BBC）进行了电视的第一次正式播出；1939年，美国无线电公司的电视在纽约世界博览会上亮相；1941年，美国第一家商业电视台成立。第二次世界大战结束后，电视开始在全球兴起，并逐渐发展成一种重要的大众媒体形式。由此，电子媒体彻底实现了信息的远距离快速传播。①

（二）传统媒体的分类

依照传统概念的界定，传统媒体可分为纸质媒体、广播媒体、电视媒体三大类型；但同现实情况相结合，如今的传统媒体主要是相对于新媒体而言的，其表现形式远远多于上述三种，只要是通过传统的大众传播方式向公众发布信息或提供某种信息服务的媒体，均属于传统媒体的范畴。

本书参考广告与媒体的结合形式，将传统媒体分为印刷媒体、户外媒体、广播媒体和电视媒体四类。

1. 印刷媒体

印刷媒体指报纸、杂志、商品说明、产品包装等以印刷工艺为主要物质实体依托的出版物。这类媒体是传统广告最常用的载体形式，其优点在于媒体信息传递的实时性、记者及编辑等工作群体的稳定性、较高的可信度，以及易于对所传播的信息内容进行详细说明；另外，可以大规模生产、长时间保存也是印刷媒体的重要优势。但是印刷媒体也存在着一定的弊端，主要体现在宣传效果需要较长的时间才能显现出来，分享式阅读存在时间和空间的限制，只有文字及图片的简单呈现方式，缺乏形象性和生动性。

2. 户外媒体

户外媒体的主要呈现方式是户外广告。狭义的户外媒体就是我们通常所说的户外广告，如果将户外媒体的范围进行扩展，宣传标语、户外文化作品展示

---

① 郭庆光：《传播学教程》，中国人民大学出版社2011年版，第26页。

均是户外媒体的主要构成内容。因此,户外媒体可定义为基于广告或宣传目的而设置的户外媒介物,通常出现在人流及交通比较密集的地区,LED灯箱、广告牌、多功能画篷等均是其体现形式。

户外媒体诞生于20世纪90年代末期,今天已经发展到了相当成熟的阶段,主要为广告宣传服务。越来越多的企业、商家试图通过这一方式传播企业或商品信息,甚至有国家和地方政府也试图通过户外广告树立地域文化形象。因此,户外媒体在传统媒体中具有十分重要的商业意义及文化价值。

3.广播媒体

无线电广播技术的出现促进了作为媒介形态的无线电广播的形成。[①] 1906年,无线电广播问世;1920年,世界上第一座广播电台正式开播,以无线电波为载体进行信息传输的广播媒体诞生。

当下,广播媒体的定义被归纳为通过无线电波或导线定时、定向向具有信号覆盖的地区传播声音。弗朗西斯·巴勒说:"广播是历史上第一个能够直达分散而众多的听众的传媒。报刊和电影都不算是漫射媒介,而有了广播之后,直播代替了录音广播,即时取代了转播,同日报的纸张及电影的放映厅这些物质的制约相比,广播的电波的非物质性显示了强大的实力。"[②]

尽管在电视出现之后,广播媒体出现了受众急剧减少的不利局面,但是,广播仍然凭借其简单的设备、便捷的传播方式以及低廉的广告费用,网罗了相当一部分听众群体,成为某些领域日常发布广告和其他信息的重要媒体平台。

按照广播的传播方式进行划分,广播媒体可以简单分为有线广播和无线广播。前者通过导线或者光导纤维构成的有线传输对网络进行分配,将广播节目信号直接传递到用户的接收设备,进行区域性节目播放,覆盖范围主要集中在农村和中小城市,传播的范围受到空间的限制;后者则是通过无线电波传送节目。[③]

---

① 陆小华:《中国传媒发展十大趋势》,《新闻记者》2011年第11期,第6页。

② 〔法〕弗朗西斯·巴勒:《传播》,中国传媒大学出版社2007年版,第27—28页。

③ 丁俊杰、张树庭:《广告概论》,中央广播电视大学出版社1999年版。

广播媒体的另一种分类是根据调制方式的不同，将其分为调频[①]广播和调幅[②]广播。此外，按照波长[③]还可以将广播节目分为长波广播、中波广播、短波广播和超短波广播等。

利用声音进行信息传播的广播媒体的优势，主要体现在传播速度较印刷媒体快、时效性较强、传播范围较印刷媒体更为广泛等方面。与此同时，广播媒体也存在信息保存性能差、顺时播出无法自由选择播出顺序等缺点。

4. 电视媒体

电视媒体以声音、图像等为载体，对信息进行视听传播。其出现的基础主要是图像传播技术的发展及应用。

电视媒体的诞生标志为 1925 年 10 月 2 日苏格兰人约翰·洛吉·贝尔德(John Logie Baird)在伦敦完成的一次相关的物理实验：他将木偶的扫描图像呈现在了媒体中。因此，约翰·洛吉·贝尔德也被称为电视之父。电视诞生至今历经了 90 年的发展，强势吸引了传统媒体中平面媒体及广播媒体的大批受众，让受众感受到了视听艺术所带来的综合魅力。电视发展到现在已有 5 万多个频道，成为传统媒体的中坚力量。

同其他传统媒体相比，电视媒体的优势在于信息传播的即时性，传播形式的视听综合性与生动性，传播内容的大众性等。

概念术语：传播媒体

传播媒体，也被称为传播渠道、传播信道或传播工具，是信息内容传播的载体。广义上的传播媒体有两方面内容：

首先，传播媒体被视为传递信息的手段，我们经常使用的电话、计算机、网络、报刊、广播、电视等均属于传播媒体。

其次，传播媒体还指从事信息采集、加工、制作和传播的组织或机构，电视

---

① 调频，全称“频率调制”，是使载波的瞬时频率按照所需传递信号的变化规律而变化的调制方法。

② 调幅是使载波的振幅按照所需传送信号的变化规律而变化，但频率保持不变的调制方法。

③ 波长是指波在一个振动周期内传播的距离。也就是沿着波的传播方向，相邻两个振动位相相差 2π 的点之间的距离。

台、电台等均属于这一范畴。

上述两个概念范畴相互影响，一方面，作为信息传播的技术手段，传播媒体的发达程度决定着信息传播的速度、范围和效率；另一方面，传媒机构的制度、所有制关系、文化背景以及政治意识形态决定着所传播信息的内容以及舆论的倾向性。

按照媒体的不同性质，可将传播媒体划分为传统媒体与新媒体，前者包括印刷媒体、户外媒体、广播媒体与电视媒体，后者则包括互动性强的网络媒体以及移动媒体。

传播媒体的特征之一是离不开具体、真实存在的有形物质，即我们通常所说的实体性。中介性是传播媒体的另一特征：传播者与接收者双方通过媒体交换信息，进行有效关联。对所传播信息进行复制和扩张也是传播媒体的重要功能。通过媒体传递的信息，是被放大了的信息，其传播范围不再限于一定数量的接收人群，而能够被无限蔓延及扩大。

要点提示：

对传统媒体进行深度解读和分析，必须理解宏观意义上的传播媒体的概念。在传播媒体的性质分类中，传统媒体和新媒体是两大构成要素，其中，传统媒体是上文论述的重点，具体包括印刷媒体、户外媒体、广播媒体及电视媒体。大致了解四大传统媒体的概念、特性及发展历程，有助于我们领会传统媒体的价值及功能。

案例分析：蒙牛乳业卖场液晶电视媒体广告投放

当下，中国的乳业市场竞争激烈，环境也十分复杂。面对这一不利局面，蒙牛乳业一直试图加大广告投放力度，灵活使用广告投放空间及投放方式，不断扩大产品的影响。早在2003年，蒙牛乳业就为神舟5号飞船载人飞行项目提供了赞助；到了2005年，蒙牛乳业与湖南卫视合作，在红遍全国的选秀节目《超级女声》中成为独家赞助商，这使其主打产品蒙牛酸酸乳销量剧增。通过电视媒体扩大影响，令蒙牛乳业获得了巨大的收益：营业额从1999年的0.37亿元上升到2003年的40.7亿元，蒙牛乳业成为全国销售额最大的乳业集团。

在此战绩的基础上，蒙牛乳业乘胜追击，自 2005 年 6 月起，频繁在北京、上海、广州、深圳、成都、杭州、天津、大连、武汉、无锡、西安、温州、佛山、宁波、南京、重庆、青岛、长沙等地区超市卖场的液晶电视上亮相，再次充分利用了电视资源。在 4 个月的投放期过去以后，蒙牛乳业的知名度获得了相当大的提升，产品购买比例提升了 9%，临时决定购买产品的人群比例上升了 17%。

延伸阅读：

他预计一部分媒体“恐龙”将走向坟墓，他建起了一座媒体圣陵，以存放“牺牲在技术变迁的带刺铁丝网前的媒体”。他的收藏品令人震惊，包括诸如“转盘活动影像镜、电传簧风琴、爱迪生蜡筒录音设备、立体画片观看设备等各种各样的早期放映机等”的残破遗骸。

但是，历史告诉我们，旧媒体绝不会寿终正寝——它们甚至也不会逐渐削弱淡出。消逝的只是我们用以存取媒体内容的工具——8 轨道磁带、Beta 录像带等。学者们称之为承载技术。斯特林的项目所陈列的大多属于这一类别。承载技术会过时而被替代；而另一方面媒体还在继续演进。记录下来的声音是媒体内容。CD、MP3 文件以及 8 轨道磁带等这些是承载技术。

为了定义媒体，让我们回顾一下历史学家莉萨·吉特尔曼的观点，她提出了一种在两个层面上起作用的媒体模型：第一，媒体是一种实现传播交流的技术；第二，媒体是一组围绕技术逐步兴起的相互关联的“协定”或社会与文化实践。承载体系较简单，它只涉及技术；而媒体同时也属于文化体系。承载技术总是在不断变化，而媒体则沉积留存在日益复杂化的信息和娱乐组织层里成为其各个层级。

一种媒体的内容可能改变（就如在电视取代广播成为叙事的媒体之后，广播被解放出来成为摇滚乐的首选展示平台），受众可能变化（就像 20 世纪 50 年代漫画从主流媒体演变成今天的细分媒体），社会地位可能上升或下降（就像剧院从大众形式转变为精英形式）。

——〔美〕亨利·詹金斯：《融合文化：新媒体和旧媒体的冲突地带》，杜永明译，商务印书馆 2012 年版。

二、传播学角度的媒体特征及发展现状

(一)传播的历史演进及本质

“传播”作为对英语“communication”的翻译,起源于拉丁语的“communicatio”和“communis”,主要是指人类传递或交流信息、观点、情感以及与此有关的活动。

人类的传播活动经历了口语传播、文字传播、印刷传播、电子传播和数字传播几个阶段,每个阶段最终都随着媒体生产力的大幅度提高而发生传播方式的本质性变革。

1. 口语传播阶段

口语传播是人类传播活动的第一阶段,当第一次使用语言表达“天空”“大地”和“果子”的时候,人类就因具有依靠声音传播信息的能力而与动物有了根本的区别。几十万年之后,文字从图画、结绳记事等记录方式中抽象出来,成为一种独立的信息表达方式。从专业角度来定义口语传播,可以将其概括为一种有声语言的传播,这是传播学的专业术语,指传播者通过口腔发声,同时运用特定的词语和语法结构,并通过各种辅助手段来与受传者进行信息交流。

口语传播作为传播历史演进的第一个阶段,其自身也经历了漫长的发展历程。在人类的进化过程中,原始传播所历经的时期最为漫长,历时上百万年。经过无数次的人种进化,人类的大脑才开始发达起来,具备了较为完善的发音控制区域以及相对有逻辑性的思维能力。在几十万年前,有声语言产生了,这成了口语传播得以存在的先决条件。此后,口语的传播逐渐成为人类最为重要的传播形式,它是当时不同群落原始人类之间沟通的最有效渠道。

当口语传播发展至一定阶段,其形式和种类得到了极大的丰富,不论是个体之间的交谈,还是群体之间针对某件事物的公共议论,或是消息的传递和有声文化艺术形式的产生,均是口语传播的主要内容。从口语传播自身的属性来看,其特征主要呈现为如下几个方面:

第一,由于声波在传递过程中会出现衰减,因而口语传播会受到空间的限

制。因此口语传播的距离较短，传播者和受传者必须在同一空间中进行信息传播，同时要尽量保持一对一或者一对多的传播方式，多对多的复杂传播并不适用于口语传播。

第二，由于传播者与受传者处于同一时空，且传播形式简单直接，因此口语传播很少受到其他信息的干扰，信息接收者对传播者所传播信息内容的信任度较高；又因为传播行为多发生在已经熟识的人之间，一般不存在抵触心理，这也大幅度提升了信息的可信程度。

第三，在口语传播过程中，信息的发出者与接收者一般是社会身份属性基本相同的人，其生活经验、工作经验以及对事物的理解程度是比较一致的，因此，对口语传播信息的理解程度普遍偏高，出现误解的概率较小。

尽管具备一定的优点，但是由于声音符号本身的局限性，口语传播作为人类传播历程中的第一个发展阶段也存在一定的弱点。传播距离短、传播内容难以保存、记录性差、受到时空的束缚、无法将所传播信息进行大范围扩散，甚至因难以对信息内容制定标准而导致声音在传播过程中发生变异等问题，都是口语传播存在的弊端。

2. 文字传播

如果说口语传播是人类依靠自身器官，即发声系统，而建立的一种原始媒介传播样式，那么文字就是人类掌握的第一套人体之外的媒介传播系统。文字传播的出现使传播本身不再受到时间和空间的限制，传播的广度增加了，且所传播的信息不再难以保存；同时，误读的几率大幅度降低，真正意义上实现了对口语传播的超越。

文字传播需要记录文字的载体，从石壁、陶器、青铜到羊皮、竹简、纸张，书写材料的演进是文字传播越来越便捷、容易的基础，也使文字传播获得了广阔的传播范围，传播内容日趋丰富、复杂。

同口语传播一样，文字传播也经历了漫长的发展历程。其发展一方面是人类逻辑思维不断进步的结果；另一方面，也得益于口语传播的进步：当人们把声音同发出声音的人本身进行分离，并将声音用符号保存起来时，文字便产生了。从对具象事物的观察，到用语音系统进行描述，再到用图画、文字表达内容，这是文字传播的链条。用文字来记录信息，目的在于日后能够重复性观看，文字也因此具有媒介的性质及功能。

按照时间顺序进行梳理，最早的文字传播行为大概出现于公元前 4000 年。人们经过无数次摸索及实践，总结出了适合描述某样事物的符号，并将其固定在某一界面载体上，这就成了最早的文字传播。尽管这一形式与今天我们所定义的文字相比更为宏观，内容不仅包括文字符号本身，还包括原始人类描述客观事物的图画，但一段时期之后的原始文字传播开始了抽象化的进程。各种事物和经验需要用简单的符号进行描述，这能够大幅度减少具象画面所占据的物理空间并降低传播的复杂性。把图像抽象化，是原始文字传播向下一个阶段迈进的动力所在。为了使这一目的迅速得以实现，古老的人类进行了诸如“结绳记事”等一系列尝试，其中，利用石头或木头来对领地进行划分也是具象传播抽象化的一种体现。

但是，在人与人之间的接触日益频繁密切的同时，我们也发现，很多口语至今没有找到合适的书面符号进行转译，因此文字的种类一直少于口头语言的种类；也只有在人类频繁密切的接触过程中使用频率较高的口头语言，才更有必要或需求被转译为文字符号。从本质上来说，文字传播是口语传播在技术上的一种延伸，同时也是感官系统从听觉向视觉的重心转移；有了文字传播，人类的传播行为才摆脱了感官本身的限制，从真正意义上进入到信息得以保存的技术传播时代。这种形式是古代人进行超越时空信息传播的唯一途径，也是人类文明进步的标志之一。

3. 印刷传播

11 世纪北宋时期，我国毕昇发明了活字印刷术，这使得人类的传播历史直接从文字时代进入到了更现代化的印刷时代。印刷术的发明是人类信息传播历史上的里程碑事件，它不仅完成了人类信息传播历史上的一次深远革命，而且使信息传播内容的大规模复制具有可能性。印刷术的投入使用获得了高效的传播成果：不仅不同地域、不同时空的人类文化可以广泛传播，思想和观念的传播也不断加强。更为重要的是，印刷术的产生打破了少数人对信息传播的垄断，推动了社会的不断进步。

虽然印刷术发明于北宋时期，但印刷这一行为本身却产生得很早。早期的印章、拓印术，乃至隋唐时期的雕版印刷术，其目的均在于以便捷的传播方式与渠道获取信息的多次重复性传递。

毕昇发明活字印刷术以后，这一技术率先传播到了西夏，之后通过丝绸之路向西方传播。400 年后，德国人古腾堡将活字印刷术扩展为一门应用性极强的技术，印刷机被发明出来，成本低廉的铸字方法也随之出现。1456 年，标志性传播物——古腾堡印制的《圣经》面世，这一天成为大众传播正式开始的纪念日，而机械成为印刷传播最重要的载体。

此后，报纸、图书和杂志迅速普及，信息传播的数量、质量、范围、速度都出现了前所未有的增长。教育事业、文化事业、科学事业因此而迅猛发展，公众在信息传播的过程中，获取了大量的知识和启蒙思想，这加速了欧洲封建主义的崩溃和资本主义的萌芽。与此同时，人类社会进入到工业时代，人类文明获得了前所未有的光明。

到了 17 世纪，一批欧美国家开始了资产阶级革命，这一时期革命口号和思想的宣传都依赖于印刷传播的进步。19 世纪 30 年代，美国纽约出现了售价仅一个便士的《一便士报》，该报商业色彩浓郁，追求微薄利润，在民众的支付能力范围内为其提供专业化的信息内容，因此受到了广大市民的热烈欢迎。至此，印刷术和报纸有效地结合了起来，真正意义上的、具有商业化色彩的大众传播媒介产品诞生了。

4. 电子传播

电子传播（E—Media）诞生于以电子商务为基础的大环境，利用专门的电子发送和接收设备来进行信息传播。电子传播通常以声波的形式出现，突出了传统媒体的重要地位，集合了文字、图片、视频、音频等传播形式，表现为综合化的信息内容传播。电子传播的主要呈现方式包括广播、电视、电影、录音、多媒体、网络等，应用技术则包括通信、软件及互联网。其本质是一种全新的包含媒体、数字信息生产和加工在内的传播模式。

电子传播技术起始于电报的发明。1838 年，美国人莫尔斯发明了电报，这一技术用长短信号代替字母，通过按键来发出相应信号，每分钟可以发送 10 个字;接收方面先由接收机画出长线和短线,再由专业收报员解读出相应的信息。

1864 年,来自剑桥大学的科学家证明了无线电波的存在,这主要基于电和磁的相关知识。1876 年,电子传播技术取得了更长足的发展。美国青年贝尔发明了依靠簧片振动传递声音的电话,声音通过振动使簧片振动,簧片附近的电磁铁再把振动变成强弱变化的电流;接下来,电流经过电线到达受话器,此处的电磁铁振动另一簧片将电信号再转变为声音信号,从而完成声音的传输。1994 年,意大利人马可尼制作出了第一架电波发射机;随后,无线电信号传送的距离被延长了,而且两台发射机能够同时在同一区域内发报而不受任何干扰。电子传播的重要形式——电视媒体的出现则是 1897 年德国物理学家博朗恩发明了阴极射线管的成果。在阴极射线管内装上电极,再加热后可释放电子,电子撞击荧光屏幕上的荧光涂料时会产生光点,这就是电视机产生的物理基础。此外,1957 年苏联发射了第一颗人造卫星,随后美国发射了第一颗载人人造卫星,这些都使得人类传播信息的能力得到了前所未有的提高。

从本质上讲,电子传播突破了感觉器官接收信息的局限性,它依靠技术手段的支撑,使数字信息的采集、编辑、管理、发布不再局限于纸质媒体、广播媒体、电视媒体甚至网络媒体,任何设备在任何时空都可以对信息进行传播和接收。将非数字化的信息内容进行数字化转换,同时对有效信息进行储存,并将其发布在媒体上,最终形成现代化的电子传播,这是电子传播的几个主要环节。

与此同时,电子传播也突破了信息传递的内容局限,教育、医疗、政府、家庭等一切具有宣传需求的行业部门或独立的个体,均可以利用电子媒体进行信息传播。

基于上述内容,电子传播所具备的特征主要包括如下几个方面:

首先,电子传播具备能完全自由地跨越时间和空间的传播性质,其技术基础和技术手段能够把信息即时传向任何一个方位,传播速度迅猛,覆盖面也十分广泛。这是电子媒体最典型的优势特征。

其次,电子传播具有信息传递实时性的特征,在突发事件到来时,能够进行实时信息传输。

再次,电子传播是应用最为广泛的大众传播手段之一,与人际交流相比,它不仅具备信息传播方向明确等优势，而且能够使信息传播者及信息接收者通过媒介进行互动与交流，使基于现代化传播手段的信息传播优势充分展示出来。

最后，电子传播的内容具有综合性及多样化特征，不仅包含声音、图画、抽象的文字符号，视听兼备的影像还能通过电子传播手段综合展示信息内容。这样一来，人类所接收的信息内容就具备了全方位、立体化的特征，更加生动。

电子传播不仅是当下的主流传播手段，也是人类传播历史上最为重要的发展阶段，它具备相当多的优势，但同样存在一系列的现实问题。电子传播领域大规模的重复劳动在一定程度上造成了人力及物力资源的浪费，统一规范格式的问题也亟待解决。最为典型的是在报刊、网络、电视等载体中会出现相同的传播内容，信息的采集、编辑和发布也存在重复劳动，因此，实现媒介融合以解决上述问题，是我们在电子传播阶段的工作重点。

（二）传统媒体发展现状

伴随着以互联网为主体的新媒体的不断发展，传统媒体所面临的生存危机日趋严重，一些大型报业集团陷入亏损境地，就是这一危机的具体体现。传统媒体的业务也由于新媒体的出现而遇到瓶颈，未来发展究竟该何去何从，如何利用自身优势，使传统媒体在未来阶段的发展中与新媒体共生，如何实现宏观概念上的大媒体、融合媒体传播及营销价值，都是传统媒体人不得不考虑的重要问题。

1.保持并扩大既有优势

同新媒体相比，传统媒体的优势主要包括如下几个方面：

第一，传统媒体具备信息内容权威性优势。经过漫长的积累和发展，广大受众对传统媒体的权威性十分认可，传统媒体也正是凭借着自身的信誉度及对社会资源的积累和充分利用，通过对所传播信息进行深度报道，提升了自身的影响力。

第二，传统媒体在信息内容的把关及舆论的引导上具备新媒体无可比拟的优势。在信息内容的把关上，传统媒体有严格的政策条款及编辑过滤机制，因此能够有效把控信息的舆论价值。传统媒体通过严格的采编过程，能够为受众提供合适的信息内容，甚至可以分析受众群体的特征，有意识地提供相应风格及特点的传播元素。

第三，传统媒体具有人才队伍相对专业化的优势。由于行业发展历史悠久，传统媒体大多已经培养出了较为专业化的信息采集队伍，这是独家信息的供应渠道也是强大的信息源后盾。与此同时，根据我国相关的法规条款，大部分新媒体机构并不具备信息内容的采访权，而传统媒体却能够追根溯源，采集到独家信息内容，并进行深度报道及权威性信息的发布与传播。

2. 向新媒体延伸

据美国《编辑与出版人国际年鉴》提供的数据，从 1999 年至 2009 年，全美报纸的工作日发行量下降了近 1000 万份，降幅在 17%左右。而据美国报业协会统计，同期报纸印刷版的广告收入减少了大约一半。2009 年被视为有史以来美国报业网络版和印刷版的广告收入总和最差的一年，但 2010 年，这一纪录又创新低，比上一年下降了 6.3%。①

一张传统意义上的报纸的广告收益往往比直接发行的收益大得多，而广告收益又高度依赖发行量数字。② 负责营销的美国杂志出版人协会执行副主席克里斯・米勒(Chris Miller)说："预言我们这一行行将就木为时过早了，不存在谁伤害谁的问题，新旧媒体事实上正在进行联姻。"③上述现象说明，传统媒体正面临着生存压力与挑战，发挥其原有优势、利用新媒体资源是传统媒体未来发展的必由之路，而其着眼点在于媒介与媒介之间的融合，即所谓"融媒时代"的到来。

首先，利用新媒体资源改变自身的运营方式是传统媒体进行媒介融合的必要渠道，例如开设网站，为受众提供以传统媒体信息传播内容为基础的不同的展示平台，增加信息流通渠道，增加与受众之间的互动，以此拉近与受众的距离，不断扩大传统媒体自身的影响力。

其次，在技术方面，传统媒体可利用新媒体技术建立与信息传播内容相关

---

① 常江:《付费墙:重建印刷媒体的权威性》,《新闻界》2012 年第 14 期,第 58 页。

② 同上。

③ 刘舒:《从第四媒体与传统媒体的优劣势看"融媒"时代的到来》,《科技传播》2009 年第 8 期,第 102 页。

的数据库以及网络数字资源，这样不仅便于查找与所需传播内容相近或相同的信息，还能够在最大范围内实现媒介资源共享。另外，数字化处理技术以及通信技术也是未来传播媒介发展所必须应用的媒介技术种类，传统媒体只有充分利用这类新技术，才能确保自身良性发展。

再次，传统媒体可利用新媒体资源开发更丰富的媒介内容，网络电视、播客等传播形式均是媒介融合的产物，这样才能够吸引到更广泛的受众群体。

最后，传统媒体和新媒体之间的融合还体现在营销手段上，线上与线下的内容营销同渠道营销相结合，不仅能够在扩大媒体产品宣传效应上有所突破，还方便受众对媒体进行消费，可谓一举两得。

但是，我们也应当看到，虽然新媒体在一定程度上改变了传统媒体信息的传播面貌，但并不意味着新媒体能够完全取代传统媒体，对于某些媒体内容来说，尤其是新闻，很大一部分资源来自传统媒体，这是当前政策下的必然现象。因此，只有传统媒体同新媒体进行资源互补，才能弥补双方的不足，发挥二者自身固有的优势，使品牌效应和技术效应共同发挥作用。建立跨媒体的传播平台，是当下媒介融合最常见的做法。

概念术语：传播学

传播学是研究人类一切传播行为、传播过程的发生、发展规律以及传播和人类社会之间的关系的学问，同时也是研究社会信息系统及其运行规律的学科。也就是说，传播学是研究人类如何利用符号进行社会信息交流的学科。

传播学诞生于 20 世纪 30 年代，是跨学科研究的产物。传播学试图研究人与人之间的关系，同其他社会科学具有相当密切的联系，不论是政治学、经济学、人类学、社会学、语言学还是心理学，都同传播学有着或多或少的联系。对传播本质和概念的研究是传播学的基础；对传播过程中各种要素之间的关系以及信息的生产、获得、加工、传递与反馈的研究，是传播学研究的主要内容；传播媒介的功能和地位、传播制度等内容则是对传播学进行系统化阐释与分析的切入点。

传播学诞生于美国，几大学派分别从不同的角度对传播理论进行探讨，并提出了多种多样的人类信息传播方式，文字传播、图形传播、语言传播等均是早期人类进行传播的基本方式。与此同时，传播学家也试图利用不同的模式来对信息传播的机制、本质、过程与效果进行深度解释，并预测传播学未来的发展方向。施拉姆(Wilbur Schramm)是公认的传播学之父，他创立了世界上第一个传播学研究所，同时担任了第一批传播学专业教材的主编。后来，传播学作为一门学科传入西欧和日本，英国的传播学研究队伍在20世纪60年代建成。

要点提示：

"传播"作为对英语"communication"的翻译，起源于拉丁语的"communicatio"和"communis"，主要是指人类传递或交流信息、观点、情感，以及与此有关的活动。

研究人类一切传播行为、传播过程的发生、发展规律以及传播和人类社会之间的关系的学问，研究社会信息系统及其运行规律的学科，即当下我们所说的传播学。传播学作为一门学科而存在，传播则指信息传播的动态过程。按照时间顺序对传播方式进行研究是上文的主要内容。本书将传播的历史进程具体分为口语传播、文字传播、印刷传播、电子传播和数字传播几个阶段，每个阶段都伴随着媒介生产力的大幅度提高并最终引发传播方式的本质性变革。

而上述传播媒介可以被简单划分为传统媒体和新媒体，就媒介未来的发展趋势来看，伴随着以互联网为主的新媒体的不断发展，传统媒体所面临的生存危机日趋严重，如何利用自身优势，使传统媒体在未来阶段的发展中与新媒体共生，同时实现宏观概念上的大媒体、融合媒体传播及营销价值，是传统媒体人不得不考虑的重要问题，也是这一部分论述的另一重点内容。

案例分析：融合媒介时代背景下的传统媒体生产流程变革

面对以互联网为主要形式的新媒体的冲击，传统媒体开始了从生产流程到营销模式的根本性变革，试图在复杂的媒介环境中寻找新的生存之路。

2001年，《沈阳日报》率先实行全媒体生产流程改革，进行了全媒体报业集团的初步尝试。6年之后，《广州日报》成立了滚动新闻部，负责传统报纸、手机阅读和网站三个部分的联动发稿，同一传播内容在三个媒介平台上联合推送，以获取更广阔的受众市场。又经历了短短不到一年的时间,《杭州日报》和杭州网联合成立了跨媒体滚动新闻中心,要求新闻中心的工作人员必须具备采编能够在不同媒介上传播的新闻的能力,且新闻形式必须多样化,要包括文字、摄影、视频等适合全媒体传播的元素。随后,南方报业传媒集团等传统媒体也开始重视全媒体信息集成中心的建设,试图对原有的平面纸媒体进行媒体产品多样化的改造。《南方都市报》按照全媒体内容生产的要求,设立了全媒体信息集成委员会、全媒体首席信息集成官等新型职能部门和岗位,以便改变原有的新闻内容生产和经营流程。最终,除纸媒体产品之外,电子报、数字报以及邮件版的《南都新闻》《南都视点》等均成为《南方都市报》全媒体营销中重要的媒介产品。

延伸阅读:

各种动物在它们之中的任何一个群体发展出语言之前,已经互相交流了几百万年。人作为动物,在有人学会书写之前已经互相交谈了几万年。知识和思想在大众媒介出现之前已经以文字的形式被分享和保存了几千年。

大众媒介是在什么时候出现的?古罗马元老院每次开会后写在石板上公布的《日报》可以说是第一家报纸,尽管它每期只有一份。这种报纸是写在石头上的,但是地中海周围的人通常都写在莎草纸上,后来则写在羊皮纸上。之后,中国在公元二世纪时发明了纤维纸和墨,而且中国和朝鲜甚至在欧洲开始使用金属活字之前至少一个世纪就已发明了它。优良的印刷纸和墨、木版印刷艺术和亚洲其他发明逐渐向西方传播。亚洲至少比古腾堡早五百年就有了木版印刷,这种新的印刷术在中世纪后期最常见的产品之一是纸牌。但是,在有"印刷"(指的是我们联想到古腾堡的那种金属活字印刷)之前很久,西欧任何一个有钱人如果他或她能够出钱请一名抄写员的话,就能有一本手抄并带图画的书。我们知道有一些这类的手抄书是多么昂贵。例如,在十三世纪初,要花相当于现代货币三千美元抄写一薄本书可以作为奉献给法国公主的生日礼物。

十五世纪中,在德国城市美因茨发生了一件事,有一个名叫约翰·根斯弗莱施的人,大家都叫他古腾堡,他把一些已经相当普通的材料和方法凑到一起,一下子复印出许多份宗教文件。他依靠最先在东亚发明的技术制造出来了墨和纸并使用它们。他所用的印刷机是拿西欧做酒的压榨机改装的、他用手排版的金属活字实际上也不是新东西，因为朝鲜人已经使用了差不多的东西，但是他发现了效率高的铸字方法，因为他排印的是音节文字，不是表意文字。他把所有这些因素凑到一起，创造了一种可行的一次印制多份书面经文的办法。而且印制得非常精美，成本相对来说比较低。于是，十五世纪四十年代初或约在1456年，就成了庆祝大众传播开始的日子，前一个日期是庆祝印刷文件，后一个日期是庆祝古腾堡印制的《圣经》。

从技术角度说，古腾堡所做的以及自从他的时代以后大众媒介所做的，就是把一架机器放进传播过程，复制信息，这几乎无限地扩大一个人的分享信息的能力。尽管传播过程并没有什么变化，但由于人要靠信息过日子，这种分享信息的新能力便对人类生活产生了深刻影响。

在一些现在刚刚从口述文化进入媒介文化的国家中，我们可以看到大众媒介的发展过程已缩短到五百年。地球上还有许多没有道路可通、没有人知书识字、无线电广播没有到达的村庄。这些村庄里的生活往往是可爱而从容不迫的。时间往往不是用时钟而是靠看太阳和身体需要来测算。在这种传统的村庄里，有时候生活很苦，我们还是可以看到农民在下地的路上，或渔民去下网的路上，停下来观看一个幼小动物的戏耍或者如果他们感到有意思的话就登上一个山头欣赏初升的太阳——十分遗憾，我们想的却是挤郊区火车、约会的安排、课堂上的课程，以及使我们在现代化的世界上整天忙忙碌碌的现代化玩意儿。

像其他地方一样，在传统的村庄，知识就是力量，但是在有媒介之前的文化中，力量的形式往往存在于能记住过去的智慧、神圣的文字、法律、习俗和各家族史的老人的记忆之中。在广播和印刷品进入一个传统的村庄，甚至修了一条通往那里的公路之后，变化往往是惊人的。首先，可以得到的信息数量大大增加。传播来自更远的地方。地平线几乎一夜之间向远处退去。世界越过最近的山头或看得见的地平线延伸到了更远的地方，村民们关心别人是怎样生活的。力量从那些能记住很久以前的事的人那里，传到了那些掌握遥远地方有关信息的人那里。把过去的事写下来就成了共同的财产。人们的注意力转向可以用于实现变革而不是维持一成不变的信息。新的观念和想象在传播渠道中流通——农作物轮作、农药、疫苗、选举、计划生育、工程技术，于是，正如哈罗德·莫尼斯精辟地指出的，村庄的生活从口传文化发展为媒介文化之后，就以空间而不是以时间、以将来可能怎样而不是以过去怎样为中心了，变更的轮子从此转起来。

大众媒介既是了不起的信息增殖者，也是信息的很长的输送管，在以后几章里我们还要论述这些。在这里，我们仅仅指出，大众媒介还成了信息所走的道路上权力很大的把关人。他们补充或取代个人身份的把关人，那些在媒介产生之前担任这个职能的牧师、旅行者和老人。但是，传播机器能够收集大量信息，能很快增殖和被极其广泛地利用，以致使控制和扩散信息的能力出现了量变，聚集了人数的注意力。

大众媒介只是在地球上生命的漫长一天的最后一秒钟才开始被利用的。但是就在这个时候，印刷和读物已到达地球的每一个角落。地球上每一块有人居住的地方上空的电波中都充满无线电讯号。六十多个国家已经有了电视。世界上几乎没有一个还没有看见过电影的国家。在城市里，当然是有这种媒介的，但是任何一个看见过非洲男孩奔跑着穿过灌木林边喊叫着电影放映队来了的消息的人，任何一个看见过一位父亲叫儿子把名字写给客人看从而证明他家里第一次有了个会写字的孩子的人，总之，任何一个看见过这一类景象的人，都决不会怀疑大众传播的非凡吸引力。今天，由于大众媒介的广泛普及，人们除了工作和睡觉外，用于大众媒介的时间超过其他任何活动。北美许多儿童十二岁以前花在电视上的时间同在学校里的时间一样多。几乎所有新闻，也是我们头脑中关于遥远的环境的几乎全部形象，都是通过大众媒介得到的。在媒介很多的社会里，占很大比例的文娱节目是通过这些渠道传送的。商业系统要适应大众媒介做广告的方式，而个人的兴趣爱好至少在某种程度上是由大众媒介提供的东西形成的。因此，围绕传播机器产生的传播组织——通讯社、报纸杂志、广播电台、出版社、电影制片厂工作人员，都是信息通道上的权力极大的把关人。据我们所知，所有在印度发生的新闻，也许只有百分之二或三能使美国印第安纳州的一名读者看到，暂且保留对新闻报道的全面性、准确性和深度的某些怀疑，我们有理由对我们脑子里构成的远离我们但很重要的环境的形象理所当然地加以关注。当我们考虑媒介能把我们注意力聚集到一件事或一个人而不是聚集到其他可能与我们有关的事或人身上的这种力量时，我们有充分的理由要问，这些把关人的决定是怎样做出的？是受什么控制的？因为现代媒介同现代生活是不可分割地互相交织在一起的。

究竟是文艺复兴促进了印刷媒介的发展，还是印刷促进了文艺复兴的思想和观念，这并不是一个很重要的问题。究竟是大众媒介促进了传统村庄的变化，还是村庄的变化促进了媒介的传入，这也不是很重要的问题。它们之间有一系列相互作用。书籍和报纸同十八世纪欧洲启蒙运动是联系在一起的。报纸和政治小册子参与了十七世纪和十八世纪所有的政治运动和人民革命。正当人们越来越渴求知识的时候，教科书使得举办大规模公共教育成为可能。正当人们对权力的分配普遍感到不满的时候，先是新闻报纸，后来是电子媒介，使普通平民有了了解政治和参与政府的可能。

要是没有大众传播的渠道，十九世纪的工业革命就不大可能像它已经做到的那样改变我们的生活方式。接着，这场技术革命又给已有的传播工具增添照相机、放映机、扩音器、录音带和唱片录音设备、发报机以及电子计算机，这一切只不过用了一百年多一点的时间。今天，正如我们已经指出的，在发展中地区，这一过程已缩短，信息媒介促进了一场雄心勃勃的革命，而信息媒介自身也在这些雄心勃勃的目标之中。

我们在谈到社会与大众传播的相互作用时，用“革命”这个词并不是偶然的。媒介一经出现，就参与了一切意义重大的社会变革——智力革命、政治革命、工业革命，以及兴趣爱好、愿望抱负和道德观念的革命。这些革命教会我们一条基本格言：由于传播是根本的社会过程，由于人类首先是处理信息的动物，因此，信息状况的重大变化，传播的重大牵连，总是伴随着任何一次重大社会变革的。

因此，人类传播的时代和形式的变化速度本身，就是有重要意义的社会数据：从语言到文字，几万年；从文字到印刷，几千年；从印刷到电影和广播，四百年；从第一次试验电视到从月球播回实况电视，五十年。

下一步是什么？某些新形式媒介正在地平线上出现，我们将在以后几章里再讨论。但是十分清楚的是，我们正在进入一个信息时代，在这个时代里，与其说是自然资源倒不如说是知识有可能成为人类的主要资源以及力量和幸福的必不可少的条件。彼得·德鲁克指出，过去二十五年里出版的书的数量，相当于1950年以前五百年所出的书的总和；我们有记载的全部科学家也许百分之九十今天还活着；今天在美国，从事向公众提供知识这一工作的人数，超过农民和产业工人。在今后半个世纪里，人们将终于不得不向自己的处理和分享信息的非凡能力屈服。他们将不得不为了自己的利益而不是为了自己的毁灭，为了进一步的人性化和社会化而不是为了异化或退化，学会利用这种能力。因此，在历史的这个时刻，总结一下我们所了解的人类传播，看来是有道理的。

——参见〔美〕威尔伯·施拉姆、〔美〕威廉·波特：《传播学概论》，何道宽译，人民大学出版社2010年版。

第二节　新媒体

在这个知识爆炸的年代里，传递知识和获取知识的成本越来越低，而查找知识的成本却越来越高。知识传播媒介成为人们征服时空、占领市场和建构存在的意识工具，从某种程度上来说，知识是现代社会的发动机。[①]

以网络媒体为主体的新媒体凭借其迅速、受众面广等优势，吸引了越来越多的广告客户的注意，新媒体先进的传播技术和广泛灵活的传播特性也决定了它会成为广告商的新宠。[②]

一、新媒体的诞生与发展

(一)新媒体诞生的社会环境

1.技术条件

以计算机和通信技术为基础的数字技术的出现，为传播提供了新的、更具

① 陈卫星：《传播的观念》，人民出版社2004年版，第11页。

② 王晓敏、邱晗：《三网融合下传统媒体的生存与发展问题探析》，《学习与探索》2013年第7期，第104页。

时代感的现代媒介技术基础，这是新媒体出现的重要原因之一。“在互联网上跑的仍然是文字、图片、音频、视频；互动是电话创造的，跟互联网没有一毛钱的关系。互联网只干了一件事，就是把所有传统媒体承载信息的那些样式拿到一个全新的基础上，击破了这些样式的时间阻碍和空间阻碍，进行无限制的互动。”[①]上述论断生动翔实地阐述了计算机技术和通信技术为新媒体诞生所带来的机遇。

实际上，新媒体可以被视为新技术的产物，数字化、多媒体、网络等最新技术均是新媒体出现的必备条件。新媒体诞生以后，媒介传播的形态就发生了翻天覆地的变化，诸如地铁阅读、写字楼大屏幕等，都是将传统媒体的传播内容移植到了全新的传播空间。这种变化包含如下几个技术元素：

首先，数字化的出现使大量的传统媒体加入到了新媒体的阵营，这一改变主要呈现为媒体的技术变革，不论是内容存储的数字化，还是传播的数字化，都大幅度提升了媒介的传播效率。

其次，媒介形态也因新技术的诞生而呈现出多样化，网络电视、网络广播、电子阅读器等均将传统媒体的内容移植到了新的媒介平台上。

2. 人类信息传播活动的需求

当人类对信息传播的需求日益多元化和复杂化时，具有相应优势的新媒体便出现在媒介阵营之中，成为信息传播的主要力量。

新媒体前所未有地突破了信息传播的时间和空间限制，带来了相当大的信息传播自由度；与此同时，信息在传播的过程中，需要及时的互动性反馈，传统媒体在这方面无法同新媒体相提并论：借助新媒体，信息的传播者与接收者能够实时根据信息传播的内容进行交流，这提升了信息传播的效率。更为重要的是，新媒体能够以最全面、最复杂、最生动的方式将信息以各种各样的形态展现出来，不论是传统的文字、图片还是视频、音频，均能够表现所传播的信息内容，使信息本身更为立体生动。

---

① 《罗振宇：一切产业皆是媒体产业》，2013 年第 7 期，http://www.huxiu.com/article/16853/1.html。

(二)新媒体的演进历程

本书所梳理的新媒体演进历程,主要是根据新媒体使用主体及受众群体的变化来进行划分的。在这一前提下,新媒体的演进历程可划分为精英媒体阶段、大众媒体阶段以及个人媒体阶段。

1.精英媒体阶段

在新媒体诞生之初的相当一段时间内,仅有为数不多的群体有机会接触新媒体,并使用新媒体传播信息,这部分人多数是媒介领域的专业人士,具有较高的文化素质及社会阶层身份,因此这一时期是精英媒体阶段。

“精英”一词最早出现于 17 世纪的法国,指精选出来的少数或优秀人物,他们在智力、性格、能力、财产等诸多方面都超越了大多数人,对社会发展起着至关重要的作用。

早期使用新媒体的人群在媒介受众群体中属于少数派团体,他们具有前卫的媒介传播意识,也掌握着更先进、更丰富的媒介资源,是新媒体的第一批受益人群。

2.大众媒体阶段

当新媒体大规模发展并得到普及时,其发展历程就进入到了大众媒体阶段。直至今日,以手机等移动媒体为主的新媒体已为广大受众所享有,利用新媒体传递知识、信息也成为媒介传播的一种常态。

由精英媒体向大众媒体发展,离不开媒介技术进步所带来的传播成本的下降,新媒体以更低廉的传播成本、更便捷的传播方式以及更丰富的信息传播内容成为一种大众媒体,其传播的内容及形式从某种程度上甚至改变了人们的生活方式以及对媒介本质的理解。

3.个人媒体阶段

伴随着新媒体技术的不断发展及普及,以往没有占据媒体资源和平台,且具备媒介特长的个体,开始逐渐通过网络来发表自己的言论和观点,通过平台展示给受众,这是个人媒体阶段到来的一个标志。

个人媒体的实现方式主要包括博客、社区以及社交网站。这些类型及方式也伴随着网民的不断增加而增加，支撑这一现象产生的基础还包括视频等各种技术的成熟，因此，个人媒体逐渐成为传统媒体之外日趋重要的信息发布及咨询的窗口。

新媒体发展到个人媒体阶段，标志着新媒体技术的最终成熟及普及，其较为广泛的使用范围，也使得新媒体成为人们生活中进行信息传播、休闲娱乐的平台之一。

概念术语：个人媒体

个人媒体，主要指私人化、大众化、普及化、广泛化、自主化的信息传播平台，利用各种传播手段，向不固定的大多数人群或单个个体进行信息传递，信息可能以规范的形式出现，也可能出现的形式较为自由，但传播信息的载体一定是新媒体。这一平台的互动性、实时性以及丰富多样性使其能够迅速进入个人的媒介生活中。

媒体的个人化标志着个人实际上也能够成为信息的传播体。尤其是近几年来伴随着互联网的不断发展，尤其是 Web2.0 的升级开发与应用，网络对每一个人的影响不再局限于工作与具有目的性的信息交流上。事实上，互联网正在无限扩大其自身的影响力，通过不同的平台或载体进入个人的生活中去，使个体拥有了信息发布和信息生产的权利，成为充分利用信息元素的媒介主体。

要点提示：

新媒体的诞生与发展需要一定的社会环境，其中，技术条件是新媒体诞生与发展的基础，而人类对信息传播活动的更高要求则是新媒体诞生与发展的动力。根据新媒体使用主体及受众群体的变化，可以将新媒体划分为精英媒体阶段、大众媒体阶段以及个人媒体阶段。

新媒体发展到个人媒体阶段，标志着新媒体技术的最终成熟及普及，其较为广泛的使用范围也使得新媒体成为人们生活中进行信息传播、休闲娱乐的平台之一。

案例分析:中秋月饼博客营销

博客营销是社会团体、企业机构及个人充分利用新媒体进行宣传的典型方式。它的核心内容是利用博客进行产品、形象或理念的营销活动。在博客上开展一系列诸如口碑营销或病毒营销,以获取好的经济收益或社会评价。

在中秋节到来之际,利用博客对月饼进行产品营销,是一部分具有市场及媒介前瞻性企业的经典举措。该营销方案也就是我们所说的病毒营销。

在中秋到来之际,企业撰写一篇看似普通的新闻稿,通过企业博客向受众推广,新闻中嵌入需要问候的朋友的名字,同时将这个名字之中隐含的搞笑小段子也描述进去,这就使大多数人对其产生了兴趣,改变了以往常规使用的电子贺卡的形式,也使网民对这一形式的关注和欢迎程度大幅度提高了。

上述新闻稿的本质是病毒营销的实现载体,试图希望以一传十、十传百的几何级数原理,使这条新闻以最快、最广泛的效率传播出去,企业网站随之被推广和普及。

根据数据显示,该新闻在某日中午开始向本企业内部的 50 人进行传播,随后这 50 人填写了朋友的名字,对其进行扩散,将生成的网址快速传播,不论是一对一的传播,还是在某一社交群里进行传播,都使传播效率获得了前所未有的提升:第一天就为企业网站增加了 20 万的客户访问量,接下来的中秋节及国庆长假,短短一周时间,企业博客的注册用户数每天增长 6000 人。

延伸阅读:

在过去的 150 年间,视听媒体(摄影、电影、广播、电视、多媒体)已逐渐占领那个曾被古典艺术及其各种类型(绘画、音乐、戏剧)所占据的舞台。1839 年诞生的摄影,在 19 世纪下半叶又得力于新的印刷技术,从而光速般地在大众之间普及。20 世纪早期,电影迅速崛起成为影响遍及世界的工业,而广播从 20 世纪 20 年代异军突起——这都显示了这些生产和发行工具所掌握的巨大权力。接着,从 20 世纪 60 年代开始,电视成为大众媒体,这一术语也应运而生。直到 20 世纪 90 年代,电视才开始面临来自互联网及其多媒体平台的竞争。

每一种视听多媒体技术都带来新的美学问题,具体表现在如下两处:一是该媒体内在的(例如摄影、电影和数码图片媒体中各种形式的蒙太奇);二是存在于整个文化语境中的,即该媒体如何同既有的媒体和艺术形式发生关系。起初我们在摄影术诞生之时听到“绘画之死”,而当电视出现时,这一宣告又被沿用到了电影身上。然而人们到今天还在绘画,还在拍电影。既有的艺术和媒体形式对随后而来的发展作出反应:从印象派至今,也包括立体主义和超现实主义,绘画恰恰显示出了那些被摄影术所规避的生理和心理方面的要素。与电视所提供的碎片式的、喋喋不休的海量信息相比,电影强调完整的、情绪性的紧凑故事。艺术家的录像和行为以破碎而骚动的新真实性,来对抗工业生产出的完美图像。

因此自早期现代主义以来,无论是在媒体技术上还是美学上,先锋派和主流都对彼此产生了深刻影响。由此得出的一个激进结论是:“一切现代艺术都是媒体艺术。”

为什么艺术家使用媒体?

让我们先从艺术家的角度来看一下那些复杂的相互作用。他们有两个使用媒体的决定性理由。第一个动机在于现代艺术丧失了其广泛的影响力,这是一个既被明确承认,又被深刻感知的事实。自从先锋派在19世纪末期出现以来,到20世纪初伴随着抽象派和立体主义的到来,先进的艺术不再被当作同时代人美学的“常识”。使用如电影和广播这类潜在大众媒体的新技术,同这一期望相关联,即先锋派可以从其自我强加的孤立中释放出来,正如纪尧姆·阿波利奈尔(Guillaume Apollinaire)1912年在他关于立体主义的著作结论部分中所说,“艺术和人民可以彼此和解”。

这一期望在早期艺术家针对使用电影、广播和电视这类媒体的纲领性要求中得到了表达,如济加·韦尔托夫(DzigaVertov)和沃尔特·鲁特曼(Walter Ruttmann)所设计的一种新的电影艺术、贝托尔特·布莱希特的广播理论,或针对电视的未来主义宣言[《广播》(*LaRadia*),1930]。在此,大众艺术成为在诸如俄国革命和德意法西斯这类完全对立的意识形态之下的政治纲领。瓦尔特·本雅明(Walter Benjamin)1963年的划时代论文《机械复制时代的艺术作品》中也提到了先锋派在社会和政治上的无效性,并第一次为已被媒体改变了的艺术概念提供了一个包罗一切的理论基础:艺术应该通过对技术媒体的运用,来克服手工制造的原作的品质局限，由此抵达新的观众，并社会性地动员这些观众。这些基本思想在 1960 年被马歇尔·麦克卢汉（Marshall McLuhan）及汉斯·恩岑斯贝格尔（HansMagnus Enzensberger）的媒体理论论文所传播并被重新激活，大大影响了媒体艺术的发展。它们是录像艺术、实验电影和声音艺术的先驱年代里的主旋律。

——〔德〕鲁道夫·弗里林、〔美〕迪特尔·丹尼尔斯：《媒体艺术网络》，潘自意、陈韵译，上海人民出版社 2014 年版。

二、媒体的特性及分类

就新媒体的内涵而言，它可以看作是 20 世纪后期在科学技术发生巨大进步的背景下，在社会信息传播领域出现的建立在数字技术基础上的，能使传播信息大大扩展、传播速度大大加快、传播方式大大丰富、与传统媒体迥然相异的新型媒体。[①]

要对新媒体进行系统化研究，需要对新媒体进行类型划分，同时总结不同类型的新媒体所呈现出的典型特征。

（一）新媒体的类型划分

本书对新媒体类型的划分依据是接收信息介质的不同，之所以采取这一划分方法，主要基于以下两个因素：

首先，不同介质的接收端伴随着新媒体的发展历程而不断进步，在时间上具有一定的顺序性。其次，不同介质的接收端符合当下新媒体用户群体在使用新媒体时的大致需求。

1. 网络媒体

这里所说的网络媒体，首先需要一个概念上的界定。通常来说，网络媒体的宏观概念是以互联网为传播手段或传播途径进行信息传播的一切媒介形态

① 廖祥忠：《何为新媒体》，《现代传播》2008 年第 5 期，第 123 页。

的总称。它诞生于20世纪90年代互联网迅速发展的媒介背景下，在那段时间里，门户网站、博客、BBS等各式各样的新型信息传播形态不断在网络上大规模出现，充分利用互联网资源进行信息传播。

但这里所指的网络媒体需要从狭义上进行概念界定，它单指以电脑为接收介质的媒介载体。网络媒体是新媒体诞生以后的最基本、最普遍形态，此后，一切新媒体形态的发展及演变，均以网络的存在为前提，且在网络媒体的基础上进行媒介终端的形态扩展。

网络媒体作为新媒体的主要构成形态，率先突破了传统媒体的信息传播局限，具备了一系列优势：

第一，在信息传播的范围上，网络媒体突破了地域局限，能够实现全球覆盖和扩展。在传统媒介领域，不论是平面媒体还是广播电视媒体，都无法突破地区的局限，所传播的信息只能对某一特定区域产生影响。有了网络媒体，信息一旦进入互联网，就能够瞬间蔓延至全球200多个国家，数十亿用户有可能实时在电脑上看到信息内容。

第二，在网络媒体中传播的信息内容，能够在长时间内得以保存，信息一旦发布在互联网上，通常可以一直保存，任何人在任何时间均可以查阅多年以前曾经传播过的信息内容。

第三，网络媒体信息具有全面性、广泛性及综合性的特征。图片、声音、文字、视频均可以成为网络信息的表现方式；而各级政府、行业、公司、个人也均可以利用网络自主发布信息内容，针对应用层面，不论是调研、资料查询、市场建立还是信息发布，都可以充分利用庞大的网络媒体资源。

第四，网络媒体的信息内容基本是对全体网民开放的，除特殊原因，基本不存在信息封闭或者信息死角，在网络平台上，任何一个网民将机会均等、身份平等地面对开放的网络信息。

第五，对网络媒体信息的获取方式是简单便捷的，这就降低了网络信息及服务的成本。这样的媒介平台不同于传统媒体，单就电台、电视台来说，诸多广告信息以秒计算，且成本动辄上万，超越了大部分单位及个体的承受能力。浏览网页、搜索、查询、购物、聊天、交易等，只要通过人性化的界面，利用鼠标轻点，便能够实现，无须更高的人力及物力成本。

第六，具有实时互动性的网络平台，是网络媒体的最大优势。也就是说，网络信息传播的维度是双向的，不同于传统媒体的单向度传播，而是可以随时对所传播内容进行反馈与交流，在提高信息传播效率的同时也有助于充分理解所传播的信息，减少了对信息的误读。

2.移动媒体

移动媒体是以手机、平板电脑等便携性移动终端为接收介质，以移动通信网络为技术支撑，通过无线数字技术与移动数字处理技术进行平台软件运用的新媒体类型。

就当下来看，移动媒体的主要类型是智能手机及平板电脑，但电子阅读器、移动影院等媒介样式也正极速发展，成为移动媒体的新兴力量。

移动媒体的特征主要体现在两个方面：一是数字化，二是便携移动性。前者使移动媒体的信号传输具有较好的稳定性和可靠性，同时信号处理简单，无须复杂的人工流程；后者则使媒介终端从固定的空间束缚中解放出来，能够随时随地接收信息，使信息真正实现自由流动。

3.新型电视媒体

新型电视媒体主要的接收介质为电视机，但与传统的电视机不同，其主要类型包括数字电视、IPTV、楼宇电视以及车载移动电视等。

新型电视媒体的诞生与传统电视媒体节目资源的激烈竞争以及受众对传统电视节目的审美疲劳密切相关。也就是说，传统电视台所面临的是节目资源不断枯竭、同质性节目资源恶性竞争等困境。为了寻求自身的发展，电视台越来越重视对新型电视媒体产业的研究，这一研究内容既包括节目内容及模式的创新，也包括节目实现方式及传播方式的创新。新型电视媒体正是基于这种背景，试图在节目传输方式上进行创新，实现新的突破。

新型电视媒体的诞生与发展离不开媒介受众的分化及特定需求，同时必须以技术的发展与进步为主要动力。近年来，由于新媒体技术的不断革新，互联网普及率大幅度提高，我国使用宽带的网民数量在2014年年底达到了5亿左右，使用手机上网的网民数量也多达3亿。随着4G时代的到来，移动媒体的增值业务更是经历了从简单文本、图片到影像的迈进，对新媒体视频传播内容的大量需求成为新兴电视媒体诞生的最大动力。

与此同时，我国开始加大对新型电视媒体的重视程度。2006年，《国家“十一五”时期文化发展纲要》中就已经强调：“大力推进以数字技术和互联网技术为核心的文化生产和传播的新兴行业”，在此基础上，只有新型电视媒体不断发展，才能满足电视受众多样化的节目需求，使电视媒体在新媒体普及的背景下，实现自身的价值突破。

4.其他功能属性的新媒体样式

具有其他功能属性的新媒体样式的出现，是新媒体多样化、复杂化的必然发展趋势，同时也是新媒体为满足不同受众的不同需求，进行个性化发展的必然结果。在这一类型的新媒体样式中，主要包括两个大的方面：一是具有特定信息传播功能的媒介平台；二是并不具有信息传播功能，但具有媒介属性的网络平台。

前者包括户外数字显示屏、信息查询媒体等；后者则以电商平台为主，不以信息传播为主要目的，但却包含了一定量的信息传播内容，这些内容以网站或应用的形式体现在新媒体终端之中。

（二）新媒体的特征

新媒体的发展方向随着媒介技术的发展、媒介信息传播理念的进步、信息接收者身份的变化而不断调整，因此，对新媒体的界定及特征分析，也是一个不断发展的动态过程，这足以看出新媒体的复杂性与快速更迭的发展状态。就当下来看，新媒体的特征仍然要从技术、传播以及受众三个方面进行理解。

1.新媒体的技术特征

实际上，新媒体本身就是由新技术发展带来的媒介产物，甚至有观点认为，今天的新媒体的主要特征是集中了数字技术、多媒体技术和网络技术等新技术发展的结果。尽管这对于新媒体的诞生与发展原因来说，存在一定的片面性，但却能够间接证明新媒体的诞生与发展离不开若干技术手段作为其基础。

首先,新媒体的传播工具体现了技术的进步。传统媒体的数字化使大量的传统媒体加入到了新媒体的信息内容传播阵营,不论是内容制作的数字化,还是媒体接收端及发送端口的革新,均使传统媒体的工作效率得到大幅度提高。例如网络电视、电子杂志就是移植新媒体技术的产物,尽管传播内容没有本质上的变化,但传播方式却发生了革命性的更新。

其次,移动媒体、LED触摸屏等新型媒体终端样式的出现,也催生了新媒体的不断进步,这一进步不仅体现在需要大量契合媒介载体的内容的开发上,还体现在新媒体营销模式及运行模式的发展上。

2. 新媒体的传播特征

同传统媒体相比,新媒体更注重现场的体验性,也就是说,信息的传播并不一定要立即进行消费,而是可以通过体验信息与信息制造者进行互动,提高了信息接收者的参与程度。即便新媒体与传统媒体所传播信息的内容一致,新媒体所具备的信息内容体验性,也使其具有可与受众互动的传播优势。

同传统媒体相比,新媒体的传播渠道更加多元化,且不受时间和空间的限制。网络、移动平台、数字电视、App等形式,均是新媒体传播的渠道,其传播空间不会受到限制,只要存在网络覆盖,任何接收端均能实时收到新媒体所发出的信号。

3. 新媒体的受众特征

新媒体的受众同传统媒体相比,最大的变化之一就是信息接收者和传播者身份界限的模糊。新媒体受众同样可以进行信息的生产及传输,而在选择信息的过程中,受众也不再一味被动接收所有信息内容,而是可以自主选择对自己工作、生活有益的信息。

根据新媒体受众的上述特征,对其进行受众分析需要另一视角。在传统媒体领域中,受众主要按照年龄、性别、职业特征等进行划分;新媒体对受众的划分则更加偏向于市场化,例如为了满足专业化、高端受众群体的要求,很多付费媒介传播渠道开通,不论是电视台的足球频道、音乐风云频道,还是某些付费网络节目，均面向付费受众开放。这种划分方式提高了新媒体的灵活性与专业性，同时使所传播信息的受众定位更加精准。

概念术语：受众

受众泛指信息传播的接收者，其中不仅包括传统媒体领域中的读者、听众、观众，新媒体中的网民也是受众所包含的对象。

伴随着大众传播的兴起，从传播学角度对受众进行研究，能够使这一概念更具有针对性与专业性。早期的受众被看作是被动的信息接收者，只能毫无主动性地接收媒介所传播的信息内容；新媒体诞生以后，受众在信息传播过程中逐渐具备了自主权，其话语权也开始受到重视，甚至对这一概念开始了由传者中心论到受众中心论的视角转变：受众是传播的主动者，媒介及信息的制作者才是被动的一方。

不论将受众置于何种地位，其具备的特征主要包括数量及分布上的广泛性、身份及个体性质的复杂性与间接参与信息传播或不动声色接收信息的隐蔽性。

要点提示：

对新媒体进行系统化研究，需要对新媒体进行类型划分，同时总结不同类型的新媒体所呈现出的典型特征。本书对新媒体所采取的类型划分，主要基于接收信息介质的不同，在此基础上，新媒体被划分为网络媒体、移动媒体、新型电视媒体以及其他功能属性的新媒体样式。

新媒体的特征则由于媒介技术的不断发展、媒介信息传播理念的不断进步、受众身份的不断变化而发生改变，呈现出不断发展的动态过程。就当下来看，新媒体的特征仍然要从技术、传播以及受众三个方面进行理解。

案例分析：楼宇电视广告的飞速发展

21 世纪初，全国数十个城市的上万栋商业楼宇的液晶电视开始滚动播放广告，在日常工作与生活中，这潜移默化地影响着都市人对某些商业品牌的认识，同时不断激发他们的购买欲望。

作为新媒体的一种信息传播平台，楼宇电视已经大大超越了公交车、候车亭和地铁媒体所带来的传播效应，不论是户外的大屏幕，还是楼体内部电梯口的广告位，生动的视频都能够满足广告主的宣传需求。例如，三星、小米等品牌都曾选择楼宇广告进行产品营销。也就是说，在当下，楼宇电视在很大程度上被当成是移动媒体和传统电视的营销过程中的有效平台补充，以此来达到更广泛的覆盖。

楼宇电视因为其固有的商业宣传属性，未来将成为新媒体领域中进行信息传播与产品营销的主要力量。

延伸阅读：

与此同时，受众可能也感觉到与传播者之间存在一些问题，然而，却总是受到一些不成文的环境条件、信息和日常经验的限制。对于大多数受众来说，制度化的反馈形式，比如说研究和市场力量，既不是他们熟悉的，也不是一种能够充分表达其观点和感受的方式。更直接、更个人化的反馈形式，要么需要付出太多努力，要么被视为是无效的。作为受众成员，大多数人都发现，明确表达他们的需求和偏好是困难的。尽管如此，我们知道，受众成员的确常常对某些特定的媒介、传播者和讯息，采取积极主动的态度。他们会全身心地去关注，其感情卷入程度可能不亚于常态下人们之间的亲密关系。

除了研究和了解市场需求这两种因素外，如果媒介不开发其自身机制，以弥合这里所显示的传播者与受众之间差距的话，媒介就不可能有效地运作。有一些把关人(gatekeeper)角色，与参与和表达受众的利益和要求有关。把关人能够为生产者—消费者关系中的任何一方服务，也常常同时服务于双方。例如，在新闻媒体中，编辑们的任务之一，就是按照为已知受众确立的相关标准来选择和发布新闻。图书出版者和发行者一直以来都是这样工作的，电影发行者和电视频道掌控者也同样如此。

在较少被正式组织的情况下，评论家和批评家们会通过提供建议和信息，来为受众需求服务。一般来说，这些活动都在媒介上进行，他们自身利益或许正好与其评论的媒介的利益相吻合，从而成为市场机制的共谋。尽管如此，仍然有一些独立的批评家，他们通常会以切合实际的方式帮助受众，讨论一些选择问题，以及与传播者的联系。

——〔美〕丹尼斯·麦奎尔：《受众分析》，刘燕南、李颖、杨振荣译，中国人民大学出版社 2006 年版。

三、新媒体的发展展望

随着技术手段的不断发展、新的媒介形式的涌现，人们开始关注媒介形态的替代问题，并不断议论新媒体能否取代旧媒体。当电视出现并风靡每一个家庭的时候，人们在议论电视会不会取代广播；随着网络的普及，人们又开始关注网络会不会取代电视，甚至有人明确表示已经不看电视了。但是直至今天，我们看到无论是报纸、电视还是广播，它们依然存在。上百年的媒介发展史用事实说明，每一种新的媒介形态的出现并不会消灭旧的媒介形态。广播没有消灭报纸，电视没有消灭广播，新媒体也不会消灭原有的媒介形态，只是不同的媒介形态必然存在着相互竞争、合作、互补的关系。

对新媒体未来发展趋势的研究，本书主要从两个方面着手：一是分别研究不同类型新媒体未来的可能性发展空间，二是对新媒体未来发展趋势进行综合探讨。

（一）不同类型新媒体未来的发展方向

1. 网络媒体

尽管网络媒体从诞生到发展至今已经有了几十年时间，现已形成较为成熟、稳定的生存状态，但从宏观角度来看，网络媒体并没有完全停止向前发展，仍然时刻处于不断变化的状态中。

传统 PC 电脑的移动化是网络媒体近几年来发展的最大飞跃，PC 的自由度提高了，体积也变得越来越小，甚至实现了无线信息传播。大量视听信息的出现也是网络媒体发展的另一典型特征，同网络媒体刚刚诞生之初主要以文本形式进行信息传播具有质的不同，视听信息的立体化、生动化使得网络媒体的信息内容彻底实现了全面而丰富的传播。

从网络媒体的信息内容来看，近年来的发展趋势也开始由综合向专业演变。传统的综合性门户网站开始逐渐拓展自身擅长的业务领域，搜索引擎的出现是网络信息专项化的最典型例证。也就是说，网络信息的集成性使其成为专业信息的资源库。

2. 数字电视

数字电视作为新媒体的一种形式，是传统电视媒体在功能上的延伸。伴随着数字技术、网络技术、移动通信技术的不断发展，数字电视的功能已不再简单体现节目的专项化点播与付费频道的使用，在当下的两个大趋势下，其未来的发展方向非常值得关注。

首先，数字电视不再仅仅限于在传统电视屏幕上播放，手机屏幕、电脑屏幕均可以通过信号连接与电视屏幕实现资源共享。

其次，数字电视将不再单纯传播只供受众观赏的信息，而是集生活实用性、日常娱乐休闲性于一体，成为一个庞大的视频内容终端，购物、游戏均可以通过数字电视来完成。

3. 移动终端

移动终端的主要构成力量就是我们最常使用的智能手机，从未来发展趋势来看，手机的多媒体化、智能化还将不断加强，其中的技术模式、营销模式还存在大幅度的开发空间。

不断强化的个性化功能是移动终端发展的主要方向，移动终端之所以为人们普遍使用，与其便捷的移动性密不可分，越来越小的体积也是移动终端成为个人生活必需品的主要原因。既然移动终端已经成为个人生活中的必备用品，其个性化发展趋势就势不可当，不论是外观形态、软件使用模块还是内容偏好，都在不断彰显使用者的个性和身份。

(二)新媒体未来的发展趋势

尽管上述新媒体类型在未来的发展过程中呈现出各自的特征，但综合看来，新媒体未来的发展趋势可以宏观归纳为如下几个方面：

功能不断多元化是新媒体未来发展的必然趋势，不论是网络媒体、移动媒体还是数字电视媒体，都试图在功能上超越以往单一的局限性，以获取更广泛的使用群体。

互动化的增强也是未来新媒体必然存在的特征，就当前来看，移动终端、网络媒体的互动性已经成为必然，即便是互动性较弱的数字电视媒体，也开始试图弥补自身缺憾，加强对生活购物、点播等互动性较强的功能的开发。

智能化将成为新媒体未来发展道路上的最大亮点。这一亮点将体现在新媒体与人类本身的融合上，将人类的感官系统及思维系统与新媒体进行连接，甚至无需复杂的操作，便能按照日常生活习惯来对新媒体发出指令。移动终端上的运动记录 App 便是这一功能在当下的具体体现及应用。

概念术语：智能终端

智能终端是一种嵌入式计算机系统设备，应用场景设定较为明确，体系结构框架与嵌入式系统结构一致，同时是嵌入式系统的一个应用方向。智能终端的处理器是智能终端的核心，基本具备高性能、高集成度以及低能耗三大特征。

要点提示：

对新媒体未来发展趋势的研究，本书主要从两个方面着手：一是分别研究不同类型新媒体未来的可能性发展空间，二是对新媒体整体未来发展趋势进行综合探讨。

对不同类型新媒体未来的发展方向进行详细划分，本书主要将其分为网络媒体、数字电视和移动终端。

根据对上述三种典型新媒体样式未来发展方向的总结，可以窥探未来新媒体宏观的发展趋势，具体包括功能的多元化、互动化的不断增强以及智能化性能的不断开发。

案例分析：百度智能终端的开发与使用

百度为了垄断媒介市场资源，力图通过占据终端设备的方式，实现产品、互联网、终端的一体化营销。在此方面的投入过程中，百度主要从移动互联网的入口切入，同合作伙伴所开发的智能设备进行联合，同时大力扶植其硬件产品。其中，智能设备主要包括小度WiFi、小度路由、百度影棒等产品；而硬件产品的代表则属深圳百分之百数码科技有限公司开发的百加手机。

深圳百分之百数码科技有限公司所出品的百加手机获得了百度的重金注资，其营销方式十分符合新媒体市场的需求及特征。

在销售模式上，百分之百数码开创了电信的直供模式，占据了通信产业链上的特有资源和优势，同时将百度云OS作为核心技术资产同百加手机进行整合，建构了从硬件、软件一直到销售渠道的封闭独享流程，提高了产品的核心竞争能力。

百度旗下的网站爱奇艺也同百加手机进行了业务上的深度融合，使百加手机获得了在内容竞争中得以制胜的法宝，使市面上第一款真正意义上的以视频功能为主打的手机面向受众，获得了充足的市场竞争筹码。

更为重要的是，百加手机在销售渠道上也突破了传统运营商和电商渠道，将销售市场向乡镇实体店延伸，对近20万家门店和13万家零售商的销售渠道进行了整合，覆盖了从城市到乡镇的各个角落。

拥有自身所属品牌的智能终端的百度，将进一步与其他智能终端合作伙伴进行商谈，以便未来在新媒体领域的智能终端开发上占据市场先机。

延伸阅读：

2010年6月末的一天，我和我的侄女劳伦以及她母亲在纽约的蓝色之水烧烤屋共进午餐。劳伦即将迎来她13岁的生日，所以我特意将她们从佛罗里达的萨拉索塔接到纽约来玩。

落座之后，我问劳伦："你觉得'大苹果'(纽约的别称)怎么样?"

她答道："我超喜欢它的操作系统，我的生日礼物如果是苹果就太棒了！"

我愣了一会儿才反应过来。对她们这代人来说，苹果是一家公司，而大苹果就是iPad，而不是纽约这个城市。我知道年轻人喜欢iPhone，但iPad才刚刚上市3个月，劳伦对它的向往让我感到惊讶。

我凑向前，接着问道："你为什么想要一个iPad?"

她说："我能用它做作业、玩游戏、读邮件，而且我的朋友们都有！"

我问："你多少个朋友有 iPad？"

她说："几百个！"我突然意识到，在她的圈子里，要得到这个面世仅 12 周的平板电脑就如同要一个糖果那么简单。

我之前已经意识到平板电脑即将引领潮流，因为它能够随时随地为商务人士提供资讯。但是此刻，我突然认识到这个设备还将改变消费者的空间。而商业利益和消费者利益的合二为一将带来一个应用技术、降低成本和应用软件创新的良性循环。

当十多岁的小姑娘和企业的首席执行官都渴望拥有同一种新科技时，翻天覆地的新变化即将来临。

随后的几周，我又发现了一系列生动的情景。例如，当我走在圣特洛佩斯的海滩上时，我发现一个 3 岁左右的小孩正坐在推车里玩 iPad。一个瑞典女士走过来逗他。

她问："你在干什么呢？"

小孩答道："我在弄我的音乐呢！"

这种事情绝不可能在笔记本电脑上发生！我并不认为这个 3 岁的孩子是个神童。我想他的父母不过比别人更早地使用了这个即将成为下一代人重要的学习工具。事实上，如果你现在扫一眼苹果应用商店，你会发现一系列简单易用的学习和创意应用软件。

看着那个 3 岁的孩子，我发现自己竟然十分嫉妒这一代年轻人。我更喜欢运用电脑空间无限的资源，而不是运用我们这代人拥有的木琴和积木来创作音乐或者建造摩天大楼。也许有人觉得花 499 美元给小孩买 iPad 太贵了，但是想想每个家庭为孩子买玩具、书和光碟的投入吧。除了创作音乐和盖摩天大楼，这个 499 美元的投资还会教孩子读书、唱歌、看电影、玩游戏，甚至可以让父母在必要时监控孩子。随着越来越多新软件的推出，iPad 将会成为生日和节日礼物的热门之选。

如此说来，499 美元也就不显得多么奢侈了，而更像老式对应物的必须替代品。游戏、玩具、音乐、书籍和保姆都变成了软件，而这个新设备将包含所有。

成人同样会受其影响，甚至更大，例如我们现在背包里的钥匙、钱包、信用卡、日历、照相机、录像机、地图和镜子等也会通过移动计算技术变成软件。

我还听说一个朋友给他 70 岁的母亲买了一个 iPad，她之前甚至都没怎么用过电脑。使用鼠标和复杂的网络互动成为她使用电脑的阻碍，年老体弱也让她无法在显示器前久坐。现在，她可以轻松地靠在沙发上，把平板电脑放在膝盖上。

她每天都可以收到孩子们通过手机发来的照片。她通过移动终端应用办理银行事务和网购，这可比上网容易多了。而且，她还可以通过“点播”观看喜欢的电视节目。一旦她学会怎么使用 FaceTime 和 Skype 软件进行视频聊天，她就能远程给她的孙子们讲故事，还可以远程参加生日聚会。

——〔美〕迈克尔·塞勒：《移动浪潮：移动智能如何改变世界》，邹韬译，中信出版社 2013 年版。

第二章　21世纪的营销

本章内容：

在媒介信息高度发达的21世纪，营销的理念及方式都发生了巨大的变化，由传统的关注自身所提供的产品与服务扩展到对用户本身的高度重视；由以自我为中心的产品核心观念逐渐向以用户为中心的服务体验观念延伸。针对21世纪的营销行为，本章分别就营销概念及营销模式进行两方面的论述：

在营销概念方面，本章涉及的重点内容包括21世纪媒介及信息时代背景下营销概念的内涵及外延、营销理念从诞生之初直至21世纪的演变历程以及当下正备受关注并广泛应用的几大营销理论。

在营销模式方面，本章将着眼于新媒体这一21世纪重要的营销载体及销售渠道，将其同传统媒体的营销方式进行对比，分析在新媒体视域中，营销模式的主要特征。本章涉及的具体案例则主要针对当前普遍应用的电子商务平台、多元化的广告营销手段进行分析。

第一节　理解营销

一、营销的基本概念

对营销基本概念的界定，应把握好两个维度。

(一)历史发展脉络中的营销概念

从纵向历史视域的角度来讲，营销这一行为从诞生之初，其概念就在不断发生着演变：从最初的产品销售主体在产品销售过程中实现单纯的价值增值到产品销售主体与其他相关参与销售的利益所有者，甚至客户共同创造价值，这一历程使营销的概念伴随着营销行为产生环境的多元而进行着内容上的演变。

早在20世纪初期，随着科学技术的进步及机器大工业时代的到来，产品生产出现了标准化规范流程，这使得批量生产产品成为可能；同时，不断发达的交通提高了大量产品的运输效率，初具规模的现代意义上的商品市场形成。在此背景下，营销的概念被定义为“在从生产到消费的过程中传递商品和服务的商业活动”[①]。在这一定义中，生产者和消费者之间是分别独立的行为主体，在某一具体市场中通过商品实体交换来实现价值增加。

伴随着机器大工业生产步伐的不断加快，产品的生产规模变得越来越大，营销市场中开始出现产品供大于求的状况，消费者可以有更多的空间来选择多样化的可替代性产品，于是产品生产者开始将营销的观念由生产本身向客户及服务转变。也就是说，营销行为只有在满足顾客需求的前提下，才能获取最大的价值增值。这一营销思路的转变发生于20世纪中期，即1952年“现代管理学之父”彼得·德鲁克(Peter F. Drucker)在美国通用汽车公司(GM)年报中提出以顾客为主要导向的营销理念。在年报中彼得·德鲁克提出：“企业应当将顾客置于所有活动的中心，企业最基本的目标是赢得顾客的满意，利润只是顾客满意的回报，而不是企业目标。”[②]

而到了全球经济一体化、信息网络高度发达的21世纪，任何企业作为产品生产主体，其创造的价值都是整个社会财富的一个有机组成部分，社会也在用不同的方式和手段支持着企业的不断发展。企业与社会之间具有互动性，一旦营销行为或营销手段受到冲击，包括企业在内的整个社会经济链条都会受到影

---

① Donald R. Lehmann, “Journal Evolution and the Development of Marketing”. *Journal of Public Policy & Marketing*, 2005, 24(1): 137 −142.

② Peter F. Drucker, *The Practice of Management*, Oxford UK : Butterworth Heinemann, 2007.

响，近期几次较大规模的金融危机就与此密切相关。因此，这一时期的营销才是现代意义上的营销，通常被描述为以顾客需求为中心、以市场为出发点，是企业营销战略的一个有机组成部分，为实现企业的总体经营目标所进行的、以互联网等新媒体为载体或手段的各种价值增值活动。

（二）广义的营销概念与狭义的营销概念

从横向维度上看，按照营销行为产生的环境、参与的主体以及营销产品的不同，可以划分为广义上的营销及狭义上的营销。

广义上的营销涵盖了活动营销、市场营销和网络营销等几大主要营销方式，指产品商家针对自身同客户之间的关系，从整体上营造一个与企业或产品形象和谐的产品销售氛围，同时不断发掘产品功能属性及精神内涵，使顾客或对产品有需求的受众在深刻了解产品性能的同时产生购买行为。

狭义上的营销同市场密切关联，即将营销行为与营销环境进行概念上的关联，也就是我们通常意义上所说的市场营销，又被称为市场学、市场行销或行销学，指在创造、沟通、传播和交换产品的过程中，为顾客、客户、合作伙伴以及整个社会带来价值的一系列活动、过程和体系。[①]

概念术语：现代营销

现代营销是企业整体营销战略的一个组成部分，是为实现企业总体经营目标所进行的以互联网为基本手段营造网上经营环境的各种活动。

要点提示：

厘清营销概念离不开对营销行为产生及发展的历程进行分析：一是要将营销概念放到特定的市场环境中去考虑；二是尽量有效地对营销行为进行类型划分，从宏观、微观两个层面解读营销概念的内涵及外延。

---

① 美国市场营销协会2013年对“市场营销”的定义，参见百度百科。

案例分析:康师傅“再来一瓶”促销策略

2002年,为占有全国饮料市场份额,康师傅集团在“开瓶见喜”的营销主题指引下,展开了即开即中奖的营销活动,即在购买到印有“开瓶见喜”促销标志的康师傅490ml瓶装红茶、绿茶后,可以持瓶盖到兑奖处兑换同等规格产品。此举措加深了广大消费者对康师傅饮料的印象,起到了让消费者重复购买的作用。

与此同时,这一活动的促销广告语“再来一瓶”直接印制在产品的外包装上,并详细告知具体活动方式、兑奖注意事项,并用突出字体显示,为每一个兑奖地点发放海报,达到了全方位宣传产品的目的,扩大了康师傅饮料的市场占有额。

延伸阅读:

建立持久顾客关系的关键是创造卓越的顾客价值和满意度。满意的顾客更容易成为忠诚的顾客,并为公司带来更大的生意份额。

顾客价值。吸引和留住顾客是一项艰巨的任务。顾客常常面对大量可供选择的产品和服务。他们会选择能提供最高的顾客感知价值的公司。顾客感知价值(Customer－perceived Value)指与其他竞争产品相比,顾客拥有或使用某一种市场提供物的总利益与总成本之间的差异。

例如,“溢价牛仔”最近将牛仔裤的价格抬上了天。一条佩奇溢价牛仔(Paige Premium Denim)的牛仔裤起价169美元。一位购买了一条佩奇牛仔裤的女士认为物有所值。佩奇的主人和设计者亚当斯·凯勒(Adams Geller)运用她作为一名牛仔裤模特时学到的知识,完全从女性的角度设计牛仔裤。佩奇说道:“我们中的大多数人没有完美的基因,但是我们可以带给你另一件最好的东西:完美的牛仔裤。‘她的牛仔裤’会提升臀部,使你的腿显得修长,大腿和臀部显得苗条——对所有女性关心的细节和质量都一丝不苟。”总而言之,佩奇牛仔裤是一种真正的价值——它将更好也更长久地适合你。当决定是否购买时,顾客会在拥有一条佩奇牛仔裤的这些利益和其他感知价值与获得它所付出的金钱和心理代价之间进行权衡。

顾客常常不能准确地或客观地判断价值和成本。他们根据自己感知的价值作出判断。例如,与一条你从盖普公司(Gap)的货架上拉出来的便宜的牛仔裤相比,佩奇牛仔裤真正提供了卓越的质量和那么完美的修身效果吗?即使是这样,它值这么高的价格吗?这都是个人价值感知的事情,但大多数女性给予了肯定的回答。一位女士说,对于她,溢价牛仔看起来总是恰好合身,价格因此不那么重要。"我工作,所以我有钱买得起它,"她说,"我认为它值那么多钱。"

顾客满意。顾客满意(Customer Satisfaction)取决于顾客对产品的感知效能与顾客预期的比较。如果产品的效能低于预期,顾客不满意。如果效能符合预期,顾客满意。如果效能超过预期,顾客非常满意或者惊喜。

杰出的市场营销公司会想方设法使重要的顾客感到满意。大多数研究表明,高水平的顾客满意产生高水平的顾客忠诚,进而产生更好的公司业绩。精明的公司只承诺自己能够做到的,然后比所承诺的给予更多来使顾客高兴。高兴的顾客不仅会重复购买,还会成为热心的市场营销伙伴和"顾客传教士",积极地向他人传播自己的美好体验。

对打算取悦顾客的公司而言,预期价值和服务不仅仅是一系列政策或行动,更是一种公司上上下下都在遵循的态度,是公司整体文化很重要的组成部分。例如,年复一年,丽嘉酒店(Ritz－Carlton)位列旅馆行业顾客满意度榜首。公司的信条体现了其对满足顾客的激情,承诺其麾下的豪华宾馆将递送真正难忘的体验——"活跃感官,增进福祉,甚至是我们的贵宾尚未表达的愿望和需求。"

——〔美〕菲利普·科特勒、〔美〕加里·阿姆斯特朗:《市场营销原理(第13版)》,楼尊译,中国人民大学出版社2010年版。

二、营销理念的演变

营销理念的演变同20世纪初期逐渐形成的资本主义商品市场密不可分,从时间维度和营销的理念属性角度来看,营销理念的演变可以从两个方面来探讨:一是机器大工业时期到21世纪现代营销理念的宏观演变;二是包括战术—战略、国内—全球、竞争—合作在内的几大营销核心理念的转变。

(一)营销理念的历史发展脉络

1.以产品生产为核心的营销理念

以产品生产为核心的营销理念同资本主义市场的形成密不可分。早在14世纪到17世纪中期这漫长的三百余年的时间里,欧洲地中海沿岸地区的手工工厂就孕育着资本主义市场形成的基本条件。17世纪到19世纪,欧洲的资产阶级通过革命或改革手段,相继获得了政治统治权,同时在各个国家完成了资产阶级革命,使生产力获得了迅猛的发展。到了19世纪六七十年代,资本主义市场初步形成,各类产品开始批量生产,以产品生产为核心的营销理念在这一时期逐步形成。

以产品生产为核心的营销理念产生的根源在于手工工厂时期,产品生产的有限性使顾客对产品的需求远远大于产品的生产能力。机器大工业到来以后,产品生产的数量增大,营销的理念就是通过产品的价格、促销手段以及分销战略来不断刺激顾客对产品的需求。但在这一时期,产品的生产在营销链条中起决定性作用,生产者依靠营销手段来引导顾客对产品产生需求。也就是说,生产者能够生产出什么样的产品,就试图通过营销手段来引导顾客产生什么样的需求,顾客的需求由产品决定。

2.以顾客为核心的营销理念

伴随着机器大工业的飞速发展,顾客对产品数量上的需求已经获得了满足,他们对产品自身性能需求的自主意识开始觉醒,市场上出现了竞争局面,这使得产品的生产者意识到顾客和市场的重要性。因此,以顾客为核心的营销理念在19世纪中期被确立起来。

在以顾客为核心的营销理念的指导下,生产企业的根本目的在于获得客户的满意,以便在客户满意的基础上获得丰厚的利润回报。同上一时期的营销理念相比,客户的需求从被动开始向主动转变,营销必须在向客户销售产品的同时,也向客户提供一系列相关服务,使客户的满意度最大化,甚至要主动探寻客户的需求,根据客户的需求来设定产品的性能,从而使产品的生产商具有更强劲的竞争优势。根据客户的需求来向客户提供有价值的产品，是以顾客为核心营销理念的基本内容。

3. 企业与客户共赢的营销理念

营销理念发展至今日，企业与顾客的关系已经超越了传统意义上的对立关系，两者之间的边界也不再清晰，而是逐渐在互联网经济的架构下，形成一种同其他利益持有者密切关联的组织，只要有产生利润的空间，各个利益集团都试图尽最大可能去参与营销活动，同时创造本利益集团的价值。

在这一背景下，营销理念体现为企业与客户及其他利益集团的共赢，在复杂的营销关系网络中，资源为全体利益集团共同所有，一个环节一旦产生变量，其他环节都会受到影响。在共赢营销理念的引导下，同一营销组织架构中的各个利益集团之间的关系更多地体现为合作而非竞争。

产生这一营销理念的原因主要有如下几个方面：

首先，信息化社会的不断发展使消费者对网络的依赖逐渐增强，网络消费成为顾客日常消费的偏好，这导致营销载体从实体市场向虚拟市场转变。

其次，顾客的自我消费意识逐渐觉醒，对产品的独特性需求增强，价格和价值成为顾客考量某一种产品质量优劣的双重标准，消费意识由传统的被动转为主动。

最后，媒介的发达使生产者和消费者之间的沟通平台变得极度畅通，关于产品的信息反馈能够得到及时传播，生产者同消费者、生产者之间，消费者之间都能够针对产品本身进行信息交流，营销网络的价值创造由多个利益个体或利益集团共同完成。

（二）营销理念转变的要点

1. 从简单的战术营销向全方位的战略营销理念转变

传统意义上的简单战术营销指的是在营销过程中，强调产品自身的性能，制定切合产品自身的价格、销售渠道以及能够使产品增值的促销策略，这在日常销售行为中通常体现为优良的产品质量、低廉的产品价格以及尽可能广泛的销售渠道。上述内容的制定者即产品的生产者或代表产品生产者利益的销售集团，其出发点是站在企业立场上的，具有一定的片面性，顾客的喜好并不一定能够清晰完整地体现出来。

一旦由战术转变成战略性营销，营销的视角就变成了立体、全方位的。成熟的战略性营销所考虑的因素不仅包括产品的生产者以及客户喜好，销售渠道及销售载体也是营销行为必须关注的对象。在对产品市场进行有效评估后，战略性销售策略还将着眼于未来，对潜在客户群体进行调研，以求扩大市场占有率，在此基础上确立的营销战略计划，才能够使销售行为获得最丰厚的利润回报。

2.从小范围的国内市场营销战略向全球营销战略的转变

伴随着全球经济一体化趋势的加强，统一的国际市场已经具有相当的规模，营销的理念也开始由国内向全球转变，即使存在一定的民族产业保护行为，企业也仍然要面对国际市场同类产品的竞争与挑战。这源于全球经济一体化带来的包括社会经济环境、政治法律环境以及文化环境在内的营销环境的转变。因此营销理念必须放眼于全球，奉行国际化的销售理念，以便应对复杂的市场环境，针对国际市场环境的变化做出主动性的战略调整，利用自身的优势资源选择有利于自身产品发展的策略。

3.从单纯竞争向竞争与合作并存的营销理念转变

在传统营销理念中，竞争的存在是绝对性的，营销环境中的生产者和客户之间构成了某种意义上的竞争关系，价值的实现依靠的是客户购买产品所带来的价值增值，生产者和客户之间的价值转移关系体现为此消彼长。

传统营销理念中的竞争行为还体现为同类产品生产者之间的竞争，即为了争夺消费市场，生产同类产品的企业采取降低成本、打价格战等手段进行直接竞争，其结果可能会直接导致产品质量下降，形成恶性竞争循环。

对此，在20世纪90年代，美国耶鲁大学资深学者拜瑞·丁·内勒巴夫(B. J. Nalebuff)同哈佛商学院资深学者亚当·M.布兰登勃格(A. M. Brandenbugrer)提出了基于传统营销中的竞争行为产生的不利影响的“竞合理念”，这一理念强调竞争过程中的合作互补作用，以便在此基础上达到竞争者双方的利益双赢。企业和客户可以通过沟通，共同实现将产品的价值发挥到最大化的目标；企业与企业之间也能够集合彼此优势，共同研发同类产品，避免恶性竞争带来的价格战。

概念术语：竞合

竞合来源于合作竞争理论(Cooperation - competition Theory)。合作竞争理论源于对竞争对抗性本身固有的缺点的认识和对当今复杂经营环境的适应。企业经营活动是一种特殊的博弈，是一种可以实现双赢的非零和博弈。

要点提示：

营销理念的转变既包括时间维度上的转变，也包括理念属性上的转变。前者的转变经历了资本主义市场形成时期—机器大工业发展时期—网络信息时期的大致历程；后者则集中体现为从单一的、表面的、小范围内的国内市场战术性竞争到全球市场的战略性合作这一变化。

案例分析：《纽约邮报》与《每日新闻》的价格之战

1994年，默多克在Staten岛将《纽约邮报》的价格降低到了25美分，其主要竞争对手《每日新闻》则将自己的报纸价格从原来的40美分提高到50美分。而在默多克降价之前，《纽约邮报》的价格曾经被提高到50美分，《每日新闻》则一直停留在40美分的价格上，因此，默多克失去了一些客户。为应对这一局面，默多克向《每日新闻》宣告，他将用自己的财力进行一场报复性的价格战争。于是，《纽约邮报》在Staten岛上把价格降到了25美分，销量得到了前所未有的提升。如果这样的价格战继续持续下去，事情将扩大到整个纽约州，《每日新闻》将面临灾难性的后果，因此，《每日新闻》并没有胆量激怒默多克，做出了提价的举动，将自身和默多克同时从价格战的恶性竞争中解脱出来。

延伸阅读：

规模经济理论和范围经济理论认为产业联盟有助于实现规模经济和范围经济。企业在有些情况下，特别是在成长过程中，难以单独依靠自身力量达到规模经济或范围经济。产业联盟可以帮助联盟内企业共同实现规模经济或范围经济，如联盟成员通过联合采购、联合销售、联合开发或者共同投资基础设备等达到规模经济。产业联盟形成的规模经济或范围经济还具有一些特殊优势：企业可以集中在核心业务上，可以避免规模扩张带来的大企业病，可以保持多方面的灵活性等。

树立协同理念。协同理念，即整体价值大于各独立个体价值的简单组合，合作主体之间各类不同形式的相互联系都可能使合作协调取得协同效益。不同的个体可能在资源与能力的任一方面都不具有优势，但结合在一起就产生了优势。通过建立不同个体之间的合作伙伴关系可以产生协同效应，从而能为合作者带来单个个体运作所无法获得的效益。

培育不同合作体的核心能力。核心能力理论认为，各个合作主体既不可能也不必要在每个方面都做到最好，相反不同主体需要集中自身优势资源发展那些有利于提高其核心竞争力的活动。因此，各个合作主体应该将那些自身不擅长的、外部的、不重要的活动交给具有此方面优势的合作伙伴完成。这就产生了相互合作的需求，这种合作必须是长久的、相互信任的、有利可图的。这种关系是持久的，不会因技术的变化、客户需求的转移或固定财产的耗尽而过时或贬值。持久成功的伙伴关系的取得依赖于相互承诺、相互信任和了解。双方共享信息，发展组织内不同层次职员的联系，期待共同的利益。

充分发挥资源优势。为什么要合作，就是需要各种资源：信息、资金、技术、人才、位置、关系、政策、时间、设备等等。每个个体拥有这些资源的多寡各不相同，相比之下，就有了优劣之分。资源优势的表现状态是“装备精良”。合作个体需要资源优势，但问题的关键不在于拥有优势资源的多寡，而在于是否具备竞争优势。资源优势和竞争优势之间的转化，关键在于资源的组合与协调。有资源优势，但不转化为竞争优势，将永远只是技术比较先进、劳动力素质比较高、资金比较多而表现不出实际的竞争优势。只有充分利用自己和合作方的资源，才能获得合作的收益。

——任新建：《竞合论》，世纪出版集团、格致出版社、上海人民出版社2012年版。

三、当前的营销理论

就当前来看，营销理论的核心是“以消费者的需求为中心，以市场的需求为出发点”，同时结合管理学理念，确定营销目标与受众需求欲望，争取有效率、有目的地将企业产品传递出去。

更为典型的是，当前的营销理论离不开互联网技术的支持，通过在互联网上的虚拟市场来实现买卖双方的交易。只要通过网络，就能够向有网络覆盖的全世界计算机终端使用者进行营销活动。这一营销手段具有成本低廉、服务时间及空间自由、企业产品和消费者零距离沟通、易于获得数据统计进行营销效果评估分析等优势。伴随着互联网覆盖范围不断变广、用户数量不断增加的趋势，互联网营销呈现出了更大的发展空间与更迅猛的发展势头。总结起来，当前的营销理论具有如下五个特点。

（一）顾客的需求是产品生产的动力之源

顾客对产品的需求是多样且不断变化的，这取决于不断发展的社会环境以及不同层次、不同职业、不同年龄、不同性别顾客自身所具备的特质，因此，认清顾客的需求，是企业创造好产品、好销路的必备条件。只有真正解决顾客的问题，同时满足顾客的需求，提供恰当的产品和服务，才能创造最大的企业利润。

从单纯盲目的产品生产到满足顾客需求的产品生产，是现代营销经历的一个漫长过渡阶段。起初在大量生产并销售同质性产品时，企业完全没有考虑过顾客的诉求，到了后来，产品生产开始有了不同的规格种类，力求为客户提供多种选择，但这一行为的出发点仍然以产品为核心。在现代营销的目标生产阶段，在生产之前，企业就对目标潜在客户及市场进行调查，制定相应的营销策略。

（二）放弃以价格战为主的恶性竞争

现代营销理念的竞争核心并不在于价格，这同传统的通过降低价格来争夺市场的行为相比，会为市场上的产品生产商带来更大的效益。在营销手段刚刚建立起来的价格竞争时期，不断地降低价格使企业的利润趋于零，产品的利润在价格战中被损耗。一旦放弃价格战，以消费需求的差异性来设定产品性能，就能为顾客和企业带来巨大的利益。

（三）注重对网络信息平台的应用

现代化的营销理念极度重视对网络信息平台的应用，企业、流通部门以及顾客通过网络系统有机联系在一起，使生产、销售及购买行为实时进行，同时也保证了商品大规模销售可能性的实现。

更为重要的是，网络的存在使整个营销环节变得更为完整、通畅，这体现在商品销售之后的服务体系中。网络平台的应用是商品服务能够顺利进行的根本保障，产品所存在的问题可以通过网络平台及时反馈给商家，商家再根据反馈意见进行调整，从而保证了产品从生产到售后链条的完整性。

（四）全方位的现代化营销理念

现代化营销理念必须具备全方位渗透到各个市场环节的特征，从企业的决策层到生产线，再到营销人员以及客户的回访，都是营销所要考虑的问题。在营销的各个环节之外，还需要树立企业对社会的责任感，这涉及对消费者利益的保护、对企业员工满意度的维护，以及对社会良好自然环境、人文环境的营造。营销理念所涵盖的范围越是全面，就越能够在现代营销行业中立于不败之地。

（五）重视媒介宣传的力量

现代信息社会的到来，使媒介渗透到从生产到消费的各个环节。充分利用平面媒体、多媒体等媒介资源对产品进行宣传，是信息时代营销的重要手段之一，不论是电视购物还是手机移动媒体的植入广告，都可能成为顾客了解产品的渠道，同时能够为顾客提供潜在的了解产品的媒介环境。

概念术语：现代营销

现代营销是企业整体营销战略的一个组成部分，是为实现企业总体经营目标所进行的，以互联网为基本手段，营造网上经营环境的各种活动。

要点提示：

要了解当前的营销理论，最重要的是对当前营销手段、营销策略及营销特征进行全方位的考察。以顾客需求为本、不以价格战为竞争手段、注重网络信息平台及多媒体宣传的优势，同时树立全方位的服务社会的营销理念，是当前营销理论所必须具备的五个要素。

案例分析：《新周刊》的情感营销方式

现代化的营销手段是全方位、多角度、立体化的，这不仅体现为对销售产品性能、优良品质及服务的介绍，还要注重同客户之间进行情感上的维系。《新周刊》杂志就通过建立官方微博与读者进行情感沟通，同时也在营销自己的刊物内容。官方微博每天早上、晚上发布一条励志的微博，以此来体现其在客户生活中的存在价值，培养客户对杂志的情感需求及收看习惯，增强了客户对《新周刊》这一杂志品牌的了解，开拓了销售渠道，并取得了丰厚的业绩回报。

延伸阅读：

作为2008年北京奥运会的官方赞助商，麦当劳采取了多种多样的营销活动。注意到现在的年轻人已经厌倦了传统的媒体广告投放，麦当劳及其广告商AKQA携手知名游戏设计师简·麦戈尼格尔(Jane McGonigal)，开发了一款全球性、多语种的另类实境游戏(Alternate Reality Game)——《遗失的指环》(*The Lost Ring*)。这款基于网络的游戏围绕着一个虚拟角色阿里亚德妮(Ariadne)展开，她是一名罹患失忆症的奥运会运动员，来自于我们世界的一个平行宇宙。为了在一个在线任务中解开古代奥林匹克的种种谜团，世界各地的游戏玩家团结在了一起。作为这个游戏的赞助商，麦当劳始终保持低调。在游戏的最开始，50位参加游戏的博客写手在2008年2月29日闰日的那一天收到了神秘的邮包，包裹里有一张来自1920年的奥林匹克主题海报、其他游戏测试者的信息，以及一个指向 the lost ring. com 的线索。最终，这个在 2008 年 8 月 24 日与北京奥运会同时结束的游戏吸引了来自 100 多个国家和地区的约 300 万名游戏者。这个游戏荣膺《广告周刊》(*Adweek*)杂志评选的 2008 年最佳话题营销奖(2008 Buzz Award)。

——〔美〕菲利普·科特勒、凯文·莱恩·凯勒:《营销管理》(第 14 版),王永贵、陈荣、何佳讯等译,格致出版社 2012 年版。

第二节　不同平台的营销方式

一、基于传统媒体的营销方式

(一)传统媒体的概念界定及特征

传统媒体这一概念是针对近年来兴起的新媒体而言的，它通常被定义为以传统的大众传播方式，通过传统传播方法，按照规定期限及频率向社会公众发布信息，同时提供教育、娱乐资讯等内容的媒体类型，主要包括电视、广播以及以报纸、杂志为主的平面媒体。

传统媒体具备强大的人力及物力资源，从业人员也具有相当丰富的媒体经验；传播的单向度也是传统媒体的一大特征，受众必须被动接收媒体传播的所有内容，而很少有相应的渠道进行反馈。

(二)作为营销平台的传统媒体

1. 平面媒体

平面媒体以报纸、杂志为主，主要传播的是文字信息，也可以在版面空间的限制范围内配备图片。

因此，平面媒体的营销内容体现出单一、线性的特征，对所需要营销的内容进行抽象概括，往往会因为这种概括性而与实际情况产生偏差。尽管图片信息能够起到相应的直观营销作用，但版面空间的限制却使图片信息的营销费用大幅增长。

平面媒体作为营销平台面对的另一个问题是时效的局限性，即使是时效性强的“日报”，也只能以“天”为单位，很难完全适应处于不断变化中的营销环境。

此外，发行数量和地域的限制会导致平面媒体的覆盖面有限，印刷工序的烦琐也使得平面媒体的营销时效受到限制。

为解决上述问题，平面媒体也正在营销手段上竭力适应当下快速、直观、简捷的传播方式。就报纸来说，一份普通的报纸已经不能满足广大客户的需要，特刊、增刊同常规报纸打包出售，增加的内容往往是各式各样种类繁多的广告。杂志也同报纸一样采用相似的手段，增加增刊、专刊，以扩大广告份额，强化营销力度。

2. 广播媒体

广播媒体对营销内容的传播主要依靠声音元素，声音的特点是稍纵即逝且不易于保存，缺少视觉信息生动形象的优势。产品在广播媒体中进行营销，需按照电台的播出顺序进行一次性收听，传播过程中电波频率会受到气候、地理位置等影响。

除气候、地理位置等客观限制条件外，广播媒体在营销过程中需要解决的问题主要包括营销内容如何具象化、如何在有限的时间范围内尽量扩大广告量等。当前，广播营销经常采用现场情景模拟的方式来弥补单纯语言描述缺乏具象性的不足；而广播内容也在朝集中化趋势不断发展，即将雷同的营销内容汇集到同一时段、同一栏目，进行有针对性的专项化营销。

3. 电视媒体

电视媒体的特点在于声画结合，具有较为丰富的表现形式，但节目时间及节目内容会受到一定的限制。在进行产品营销时，产品本身的性质、功能以及表现方式不仅要受到广告法的制约，还要受到《广播电视管理条例》①的制约，这

① 中华人民共和国国务院于1997年9月1日颁布施行；2013年12月7日修订。

是电视媒体营销在发展初期所面临的困境。

频道专业化在一定程度上缓解了这一困境，专门的购物频道及其他相关的旅游频道等使不同种类的产品营销有了较为固定的平台。而常规意义上的电视栏目、电视剧植入也成为电视这一视听媒体的新型营销手段。

概念术语：传统媒体

传统媒体是相对于近几年兴起的网络媒体而言的，以传统的大众传播方式即通过某种机械装置定期向社会公众发布信息或提供教育娱乐的交流活动的媒体，主要包括电视、报刊、广播三种媒体类型。

要点提示：

传统媒体的营销平台被划分为平面、广播、电视三大类型，不同媒体平台都有其营销手段的特殊渠道及功能，充分了解三大传统媒体的优势及弊端，才能有效地将传统媒体的营销平台运用到极致。

案例分析：图书营销的新型手段

传统媒体自身所具备的单向度传播、时间、空间及内容的限制，使得不少传统媒体试图挣脱以往的传播方式的束缚，希望从营销内容及手段上寻找新的突破。

就图书来说，由于存在出版周期较长，印刷、校对复杂等不利因素，图书的营销时效性无法与网络，甚至报纸相比。但近些年来，图书的传播时效有了大幅度的提高，甚至开始主动承担起某类产品的营销功能。例如"非典"爆发期间，一系列介绍"非典"及相关的养生类图书在市场上不断出现，一些药品和保健品也以一种"植入广告"的方式出现在书中，间接起到了营销的作用。此外，某一种图书销售的火爆，客观上也带动了出版公司在业内的名望，例如出版公司会将自己公司的LOGO印制在出版物的醒目位置，力图树立出版企业的品牌文化形象。

延伸阅读：

广告主、广告经营者、广告发布者是广告活动的行为主体。进行规范的广告活动，包括上述三类行为主体的介入。其中，广告主是广告行为的发起者，是广告信息内容的来源。

《中华人民共和国广告法》第二条规定，广告主是指为推销商品或者提供服务，自行或者委托他人设计、制作、发布广告的法人、其他组织或者个人。这一定义对广告主进行了三个方面的界定：

广告主必须是法人、其他经济组织或者个人。法人是指具有民事权利能力和民事行为能力，依法独立享有民事权利和承担民事义务的组织，主要包括企业法人、事业单位法人和社会团体法人；其他经济组织是指不具备法人资格，但依法可以从事商品经营或者提供服务的社会组织，这些组织一般拥有一定的资金，有自己的经营场所，具备生产经营能力，其合法经营权经登记机关核准并颁发营业执照；个人是指依法能够从事商品经营或者提供服务的自然人，包括个体工商户、农村承包经营户及其他从事生产经营的个人等。

广告主发布广告的范畴为商业广告。广告主发布广告，是以直接或者间接推销商品或服务为最终目的，其范畴属于商业广告。《中华人民共和国广告法》未把非商业广告的广告主作为行为人予以规范，因此对非商业广告的广告主行为仍由《广告管理条例》及《广告管理条例实施细则》进行管理规范。

广告主的经营范围是自行或者委托他人设计、制作、发布广告。广告主自行设计、制作、发布广告，主要是指广告主利用自己的生产场所、工作区域，介绍自己生产、销售的产品或服务项目，这是一种自我广告服务行为；另外，在广告活动中大多数广告主都是委托他人设计、制作、发布广告，如委托广告经营者进行广告设计、制作、发布等部分代理服务，或委托广告经营者进行全面代理服务。

——夏洪波、洪艳：《电视媒体广告经营》，北京大学出版社 2003 年版。

二、基于社交媒体的营销方式

伴随着互联网技术的不断发展，社交媒体成为越来越多的企业及生产商在进行营销时所选择的平台渠道，同传统媒体营销相比，社交媒体不论在传播途径、传播方法、传播内容、传播时效还是传播成本上，都具有自身的优势。

(一)社交媒体的概念界定及特征

社交媒体通常被界定为允许人们撰写、分享、评论、沟通的工具及网络平台,技术支持为 Web2.0。当前较为常用的社交媒体包括社交网站、博客、微博、论坛、微信等。社交媒体的发展同互联网的发展密不可分,海量内容及强时效性使其成为人们浏览互联网信息的重要渠道。

社交媒体发展至今,已呈现出自发性、大众化、互动性三大特征。社交媒体的内容来源于网民自发的总结与创造,然后再进行自主传播,这是网络赋予网民的自主权,同时也决定了社交媒体的传播不再是单向度的,而是具有较强的互动性与自主性。在这一优势的基础上,社交媒体便网罗了更广大的受众群体,使传播范围、覆盖面变得日益宽广。

(二)作为营销平台的社交媒体

1.多渠道的传播途径

社交媒体营销的传播途径较为广泛,博客、微博、论坛等都能够成为其传播渠道,上述传播渠道还可以根据受众的需求进行一定程度的自主化个性功能定制,具有相对人性化的传播环境。

2.庞杂的传播内容

社交媒体在进行产品营销时,任何性质的产品都可以成为其传播内容,不论是物质产品、精神产品还是服务性产品,均是社交媒体的传播对象,这也间接体现了社交媒体营销的低门槛特性。

3.双向度的传播模式

社交媒体在营销过程中的传播模式是双向度的,企业或个体可以根据自主需要在社交媒体上传播产品信息,受众也可以根据自己的喜好来选择自己感兴趣的信息,并进行及时回馈。这一特性也使得社交媒体的营销效率较高,周期较短。

4. 低廉的传播成本

网络资源的虚拟化使得社交媒体在进行产品营销传播时，并不需要占据现实的物理空间，因此其传播成本较为低廉。利用社交媒体进行营销，也成为广告主的主要选择之一。

概念术语：社交媒体

社交媒体通常被界定为允许人们撰写、分享、评论、沟通的工具及网络平台，技术支持为 Web2.0。当前较为常用的社交媒体包括社交网站、博客、微博、论坛、微信等。

要点提示：

社交媒体营销的兴起与互联网的发展密不可分，互动性是社交媒体在营销过程中显示出来的最大优势，此外，社交媒体还具有成本低、覆盖广、渠道多、内容丰富等营销优势。因此，社交媒体营销的关键是利用网络资源，进行与客户之间的销售、服务等活动。

案例分析：新浪微博营销

2010 年 8 月 28 日，是新浪微博诞生一周年的纪念日，为此，新浪官方微博开设了“微博快跑”的公众账号，希望通过一些关于新媒体传播的话题讨论、礼品赠送、投票 PK 等活动为新浪微博开通一周年活动预热，以扩大微博的影响力。

此次微博营销的主要形式是营销团队带着一些特色礼物以及征集的微博用户，来到北京市内具有标志性的场所，将新浪微博“随时随地分享”的精神传播给每一个受众。活动引起了媒体的关注，不论是传统媒体还是新媒体，都对该活动进行了大量的宣传报道。这一传播方式使新浪微博的信誉度和品牌形象获得了大幅度提升，也奠定了新浪微博在同行业中的地位。而《中国微博元年市场白皮书》的统计则显示，新浪微博在开通一年后，每天的微博数量多达 300 万条，每一秒钟会有将近 40 条微博产生。

延伸阅读：

如果你经营的是一家商店或其他的实体（也就是在现实世界中有具体地址的东西），要想把顾客吸引到你的实体位置，一定要提供地址、电话和清晰的地图。即使你已经在主页上提供了这些信息，在这里还是有必要提供，因为很多人在寻找联系方式时会直接点击“联系我们”页面。一个好的做法是将你的地址与谷歌地图直接联系起来，这样访客就能够直接点击它，然后输入自己的地址，看一下如何通过驾车、公共交通或步行到你那里。

如果你经营的不是实体生意，只是在网上运营的话，也许就不需要提供实际地址甚至邮箱，而是一份提交给你的邮箱列表（在页面上发布实际的邮箱往往会导致邮箱被群发垃圾邮件的人“刮伤”，导致邮箱的主人收到大量的推销伟哥和宽松信贷的信息，以及中大奖的诈骗信息）。

——〔美〕约翰·赫林科：《社交媒体营销：信息有效传播的方法和案例》，姜斌译，电子工业出版社2013年版。

三、基于网络媒体的营销方式

（一）网络媒体的概念界定及特征

网络媒体又被称为“第四媒体”，这一定义是在1998年5月联合国新闻委员会上提出来的，继19世纪的报刊、20世纪的广播和电视媒体出现以后，网络媒体也被誉为现代媒介中“新型的高速公路”。①

从技术角度上讲，网络媒体融合了半导体技术、电子技术、通信技术、音视频等多种技术，依赖IT设备开发技术和设备传输、存储并处理音频及视频信号。也就是说，网络媒体在计算机和网络的基础上，将有声语言、文字、图像、音乐及音响等进行集约化处理，这种处理方式使信息数量出现了大幅度增长，信息传播方式也发生了根本的变革。因此，网络媒体“为民众提供了言论空间、表

① 方汉奇：《世界新闻传播100年》，中国人民大学出版社2003年版，第415页。

达空间、话语空间，是中国社会主义民主化进程的一个有说服力的窗口”。[①]

网络媒体具有全球范围的覆盖广泛性、信息内容的全面性、便捷的搜索与追溯，以及相对不受限制的开放平台、强大的互动交流功能、多种多样的信息表达方式等特征，这些特征直接决定了网络媒体营销的优势。

(二)作为营销平台的网络媒体

网络媒体营销主要指的是将营销内容用计算机技术生成数字化信息，通过网络终端设备表现出来的营销手法。作为营销的一种新形式，网络媒体营销可以使企业通过更多元、更便捷、更高效的方式来宣传自身的产品，其主要渠道有两大类：第一是建立属于自己公司的网址，获得独立的域名；第二是向某一网络空间拥有者购买网络空间，进行信息传递。

网络营销的特点由网络媒体自身的特点决定，鲜明地体现为与客户进行产品信息交流的互动性、及时发布产品特点并接受回馈的时效性以及全方位包括视觉、听觉等感官信息的娱乐享受化几个方面。

上述特征使网络营销突破了传统媒体营销单向度传播、时空受限、渠道单一等局限，开启了灵活、便捷的营销模式，也使营销范围由小的区域扩展到全国，甚至全球；从另一层面来讲，也刺激了人们的购买欲望，带动了经济增长。

概念术语：网络媒体

网络媒体又被称为“第四媒体”，从技术角度来讲，网络媒体融合了半导体技术、电子技术、通信技术、音视频等多种技术，依赖IT设备开发技术和设备传输、存储并处理音频及视频信号。

要点提示：

网络媒体全球范围的覆盖广泛性、信息内容的全面性、便捷的搜索与追溯，以及相对不受限制的开放平台、强大的互动交流功能、多种多样的信息表达方式等特征决定了作为营销平台的网络媒体具备相应的功能优势。对上述特征

---

① 鲍宗豪：《网络与当代社会文化》，上海三联书店2001年版，第205页。

的了解，将有助于加深我们对网络营销这一新型营销模式的认识。

案例分析：麦包包网络营销手段

在2008年经济危机的冲击下，很多企业难以维持，不得不宣布破产，但也有一些企业利用网络营销平台，依靠对自身定位精准的判断和良好的变革思维，取得了不错的战绩，趁机迅速打开了国内及国外市场。从没有品牌知名度到口碑良好的网络品牌，麦包包就是其中的一个范例。

麦包包利用网络购物所具有的较大的品种挑选空间、货比三家的便利条件、省事省力省钱的购物优势，依靠网络来大力推广自身品牌。麦包包将销售订单、库存信息、原料采购、生产成本、进度、物流等各个环节的信息同供应商实时分享，并及时了解销售需求的动向，以便迅速调整生产计划。凭借网络营销的优势，麦包包在短时间内获得了广泛的客户群体，确立了自己在同类产品中的核心竞争地位。

延伸阅读：

福德咨询公司网站上有关于协助竞争情报收集工作的专用软件使用情况的评论和相关论坛。公司的网站上有这么一句俏皮话："技术工具若使用不当就等于摆设。"要收集竞争情报，就需要了解竞争对手的新闻发布会、新产品上市、合作伙伴、合作品牌、产品展示会以及广告策略等。互联网的出现使竞争情报的收集变得更容易了。你可以直接到竞争对手的网站上去追踪他们的营销战略，有时还能在媒体正式报道之前预先了解到竞争对手新产品的上市或价格变化的信息。

营销人员应该了解竞争者的网页上有哪些其他网站的链接。要做到这一点并不难，只需在雅虎、谷歌或者其他提供这种服务的搜索工具上键入Link：com-panyname. tom就行了。搜索的结果会出现一个链接列表，从中你可以了解为什么这些网站能链接到竞争者网站。还有一种收集竞争情报的技术是通过分析一家公司的网站日志来查看网页用户在浏览此网站之前和之后所访问的网页。例如，假设日本本田汽车制造厂的营销人员发现用户在查看本田车型之前访问过丰田汽车制造厂 Toyota Matrix 款式汽车的网页，就可以通过消费者的视角来判断消费者的购车倾向。在后面一节中我们还将对此类互联网监控技术做详细讨论。

除了竞争对手的网站以外,从第三方企业的网站或者行业网站上也能及时了解竞争情报。例如,航空公司都十分关注在线旅游公司(如 Expedia 公司和 Travelocity 公司)的网络信息,从中了解竞争对手的报价和航线变动情况。此外航空公司也会关注诸如 Tripad visor. com 等社会媒体网站(游客会在此类网站上发表入住酒店的感受)来了解相关信息。上市公司的情报可以在美国证券交易委员会(Securities and Exchange Commission, SEC)网站的在线数据库(EDGAR 数据库)和许多投资公司网站上找到。

获得有价值的竞争情报的另一个来源是网络用户的论坛,我们将在讨论一手数据收集方法那一节中详细叙述。谷歌公司网站的 Groups 搜索功能提供了 80 多万个网络用户电子公告板的链接,企业只需输入关键词,就可以找到消费者关于竞争对手产品优势或劣势的对话内容。许多时事通讯中有行业专家的评论,只要检索邮件中的询问与回复内容,就可以了解到具体情况。例如,有一个称作 ELMAR 的时事通讯列表,专门提供世界各地大学的营销学教授探讨他们所进行的研究、教学以及一些空缺职位的信息,这些信息是由这些营销学教授每周编辑一次,并以电子邮件的形式发送的。

——〔美〕朱迪·施特劳斯、雷蒙德·佛罗斯特:《网络营销》,时启亮、孙相云、刘芯愈译,人民大学出版社 2010 年版。

四、基于电子商务平台的营销方式

(一)电子商务平台的概念界定及特征

电子商务是指以信息网络技术为主要手段,以商品交换为中心目的的商务活动。对这一概念的另一解读是在互联网、企业内部网、增值网上以电子交易的方式进行买卖以及提供相关的其他服务的活动。从本质上说,电子商务是传统商务模式的电子化、信息化以及网络化发展。

电子商务的发展离不开全球经济一体化的局势以及全面开放的网络环境,

因此，交易双方在没有实体市场存在、不见面的前提下，通过网络进行交易，摆脱了时间和空间的限制。交易成果通过在线电子支付实现，这实际上是一种同商业活动本身及其服务相关的新型商业运作模式。电子商务可被分为ABC、B2B、B2C、C2C、B2M、M2C、B2A（B2G）、C2A（C2G）、O2O等类型。

电子商务的特点主要包括：

第一，电子商务有其标准程序化流程，充分实现了电子商务平台电子化及数字化功能。在这一技术支持的基础上，电子商务大幅度降低了传统商务的人力、物力成本，使商务活动简捷化、集约化。

第二，电子商务突破了传统商务时间和空间的限制，不再需要实体市场，也不必按照实体市场的交易时间来进行商务活动，在任意时间、地点都可以进行交易，大幅度提高了电子商务的效率，也使交易双方获得了资源共享的平台。

第三，电子商务具有全面开放的非排他性，任何国家、任何身份的个体，只要具备电子终端及网络覆盖，就可以参与到电子商务的交易过程中，这使中小企业具有同大企业一样的竞争平台和资源。

第四，电子商务同样具有新媒体的互动性，消费者与企业之间能够零距离、无屏障地针对产品的质量及服务进行对话，交易双方能够实现良性互动。

（二）电子商务平台的主要营销方式

基于网络技术的电子商务平台服务主要包括交易信息服务、交易支付服务以及交易本身三个方面，不论是电子商务广告、电子商务产品的选择、电子支付、电子结算还是售后服务，电子商务的营销模式无外乎如下类型：

第一，企业同个人之间进行的交易。

第二，企业与企业之间进行的交易。

第三，国际性电子贸易。

在以上三大基本类型的基础上，电子商务模式还会衍生出诸多亚类型，本书的第三章将对其进行具体介绍。

电子商务的主体主要包括顾客、商户、银行以及认证中心，加盟、分销、电话销售、线下销售是其具体的销售方法。

概念术语:电子商务

电子商务是指以信息网络技术为主要手段,以商品交换为中心目的的商务活动。对这一概念的另一解读是在互联网、企业内部网、增值网上以电子交易的方式进行买卖以及提供相关的其他服务的活动。从本质上说,电子商务是传统商务模式的电子化、信息化以及网络化发展。

要点提示:

利用网络进行产品销售与推广,是当代企业销售行为的核心,电子商务的兴起正是顺应了这一潮流。同传统销售模式相比,电子商务具有成本低、效率高、数据易控制、互动性强等特点。深入了解电子商务的特点,有助于我们对电子商务营销的几大模式进行总结。

案例分析:美团网电商营销策略

当下最大的团购网站美团网成立于2010年,尽管成立之初美团网取得了良好的电商营销业绩,但伴随着团购网站规模的扩大与数量的增长,美团网也面临着巨大的生存压力。2014年,美团网在成立四周年之际开展了一系列电商营销新举措,扩大了知名度与影响力,并奠定了其在电商团购网站中的核心地位。

在该次营销活动中,美团网推出了转盘抽奖、积分抵现、用户盘点、微博抽奖等活动,充分考虑了电商线上与线下销售相结合的特征,利用线下广告标语、传单等方式进行推广,利用线上微博、App进行营销,使老客户对美团网有了更深入的了解,并吸引了相当一部分新客户加入。

在线上营销过程中,美团网还将“分享信息有奖励”作为对客户的回报,这不仅使客户分享信息更积极,还促进了客户和客户之间的交流,充分利用了电子商务平台的互动功能。

此外,美团网还十分重视营销细节,按照电商销售数据进行客户分析,将客户划分为不同的种类,针对不同客户种类设置不同的优惠条件,实现了销售的个性化定制。

延伸阅读：

经济、法律、社会、技术等各种因素以及全球化的趋势，使得企业的经营环境中的竞争越来越激烈，而客户则有了越来越明显的主动权。这些外部的环境因素变化非常快，非常剧烈，往往无法预测。因此，企业必须快速反应。企业不仅要应对风险，而且要捕捉机遇。由于变化的速度越来越快，不确定因素越来越多，企业必须不断地推出新产品，速度要快，成本要低。2008—2010年持续3年的金融危机导致了许多企业破产，或是被大公司收购。机会当然也是存在的，有些大银行甚至演绎了蛇吞象的经典剧。经营环境的变化，迫使企业改变商业模式，不少企业开展了组织重构，调整自己的信息系统，开始涉足电子商务。

大多数人、体育运动队以及各种组织，都在试图改进自己的行为方式。对有些人来说，是为了应对挑战；对有些人来说，是为了生存。当然，还有的人是考虑提高生活质量，增加收益，提高知名度。

大多数的企业都会定期地考核自己的经营业绩，有的是用一定的指标衡量，有的则是用企业的使命、目标、规划来衡量。然而，让人难以适应的是企业业绩的好坏不仅取决于自身的运作，还取决于其他企业如何经营，外部环境如何变化。经营环境对企业形成很大的压力，而企业对其根本难以控制和预测。

——〔美〕埃弗雷姆·特班：《电子商务：管理与社交网络视角》，时启亮译，机械工业出版社2014年版。

第三章 新经济生态

本章内容：

网络技术的不断发展与完善促进了新经济生态的诞生，这使得传统经济的运行方法和体制构成发生了根本性的变化。相对于传统的实体物质经济时代，网络经济时代以信息及网络技术为依托，利用网络平台进行交易，体现出了成本低廉、互动性强、效率高等优势特征。

本章以新经济生态为主要描述对象，分成两个小节来分别阐述传统产业是如何与网络经济融合的。同时论述互联网经济发展至今所呈现的规模及几大典型运行模式，进而探寻新经济生态的特征、存在的问题及未来可能的发展方向。

第一节 传统产业与网络经济的结合

以互联网为技术依托的新经济及商务模式自诞生发展至今，对传统的交易行为产生了深远的影响，使传统企业的经营思想朝信息化、网络化、开放化、人性化、规范化迈进。成本、管理、技术、服务等元素成为网络经济时代更值得关注的重点，传统产业和网络经济的结合，促使传统产业由线下向线上逐步迁移，其直接结果是网络经济对传统产业的大规模渗透并全方位影响了传统企业的营销策略及营销模式。

一、网络经济的概念及主要特征

1. 网络经济的概念

网络经济诞生的基础是互联网络及信息技术在经济领域中的大规模应用，这使传统经济中由交易所产生的宣传、服务、运输等成本大幅度下降。因此，网络经济的核心在于信息对资本在经济活动中主导地位的替代，其概念则可以从宏观及微观两个角度来进行界定。

从宏观角度来看，网络经济这一概念可以扩大至整个互联网产业，既包括互联网通讯的基础设施建设、互联网终端硬件产品建设及维护，也包括在这一技术保障下出现的一切网络线上商业交易活动。也就是说，通过网络交易的企业行为、网络银行结算行为等都可以被纳入网络经济的概念范畴中。

从微观角度来看，生产商及客户都是网络经济的有机组成部分，他们在虚拟市场中进行交易，生产、营销、支付、运输、服务等具体的经济活动构成了微观意义上的网络经济。从这一层面上看，网络经济同传统意义上的经济行为具有相同的本质属性，均以买卖商品及服务的方式来获取经济利益，不同之处仅在于交易平台的虚拟性。

2. 网络经济的特征

网络经济的特征主要表现为信息技术化、虚拟化、效率化与全球化。

网络经济的技术核心是 IT 技术，既包括信息产品的制造，也包括信息产品的储存及传播。在这一过程中，信息取代了资本，是网络经济中的主要资源。更为重要的是，信息的呈现方式已经完全突破了常规意义上的物质实体或模拟信号，全方位实现了数字化。这不仅加快了信息传播的速度，且提高了传播过程中信息的准确度，并节约了信息所占据的虚拟网络空间资源，这是网络经济成本降低的根本保障。

上述技术的出现使得网络经济的呈现方式最终体现为虚拟化。也就是说，参与经济行为的每一个主体将虚无存在于现实的市场及时空中，网络平台成为经济参与者共同依托的交易阵地，平台所提供的产品信息、线上交易、物流运输、售后服务等资源为经济行为参与者共同享有，网络成为一个虚拟的商业办公地点，只要存在计算机终端，它就摆脱了实体空间的束缚。

虚拟的网络平台具有强大的开放性与包容性，因此交易双方不再需要中间商的介入，这不仅减少了交易成本，缩短了交易周期，还提高了网络经济的效率。

网络经济的开放程度还决定了其覆盖的全球化。由于不受空间的限制，网络经济遍布全球就具备了可实现的条件，加之技术手段不断进步，使得网络经济把世界各国的经济主体有机联合起来，使其彼此依存，相互影响。

概念术语：网络经济

网络经济是指由于计算机互联网络在经济领域中得以普遍应用，经济信息成本急剧下降，使得信息替代资本在经济中占据主导地位，并最终成为核心经济资源的全球化经济形态。

要点提示：

对网络经济的理解要从宏观及微观两个角度出发：前者包括网络产业的一切生产及交换行为；后者则重点关注的是经济行为参与者的属性及参与平台。在充分了解网络经济的概念及属性后，才能正确理解网络经济的特征。

案例分析：

世界著名连锁餐饮麦当劳在网络经济发达的今天，能够有效运用网络线上交易的优势，进行产品销售及配送服务。线上的呼叫中心通过高速运转的网络，将客户在网上的订单转给距离客户位置最近的麦当劳餐厅厨师，产品生产出来以后，再进行人工配送。这样，客户和商家无须见面进行实体交易，就完成了网络交易的全部环节。这种低成本、方便、快捷的订餐方式使麦当劳的产品销量极速增加。

延伸阅读：

搜索竞价模式。人们在搜索时，会输入相应的关键词，企业通过竞价关键词，可使自己更容易被人们找到，是搜索模式最主要的收入来源。电子商务平台依靠提供用户体验来吸引人气、聚集眼球，有了足够的用户流量以后，再把广告推向用户，以此向客户收费。用户流量越大，广告价值就越高。

支付、物流环节收费模式。电子商务的实质业务必然是进行交易，而交易必然引起物流和支付的业务，线上的实质交易一般利用传统的线下方式，通过线下银行支付、物流公司运输、互联网完成。近年来，随着大量网上支付公司的发展和物流体系的重组，支付和物流业务重组方面已逐步发展成为一个主要的高利润业务。以支付为例，网上交易卖家可以先把预付款通过网上银行转入到支付公司个人专用账号，待卖家发货到手后，支付公司会把买家的账款转入卖家账号，这样买家不用担心收不到货物还要付款，卖家不用担心发出了货物没有收到账款等问题的出现。网上支付公司的出现及其应用的日益普及大大促进了电子商务的发展。

电子商务平台的费用收入，主要是从信息服务和技术服务两个方面收取的，所以如何提高服务质量是提高网站收益应考虑的主要问题。从事电子商务的企业要做大收入，有几个增加收入的潜在要素，一是品牌的效应，二是市场。

——上海市互联网经济咨询中心：《互联网经济》，上海远东出版社 2014 年版。

二、传统产业与网络经济结合的原因

网络技术的发展使一些新兴行业及新兴产业相继诞生，同时改变了人们习惯已久的生活消费方式与交流方式，任何产业部门都或多或少受到了网络技术发展带来的影响。对于传统产业部门来说，更是由于市场的开放性，不得不将网络技术的优势应用到营销领域中，这样才能在日趋扩大的网络市场中获取经济效益。

传统产业与网络经济结合主要包括两个方面的内容：首先，计算机网络技术能够同传统服务行业结合成一种现代意义上的信息服务行业；其次，传统产业也可以利用计算机技术进行营销及相关的管理工作。不论何种方式，传统产业与网络经济的结合都成为当代经济发展的必然趋势，其原因主要包括如下几个方面。

1. 传统市场的存在方式需要网络经济对其进行改变

传统市场以实体空间的方式存在，既受到地理方位的限制，又受到交易金额、交易种类、交易时间等多方面因素的制约。

网络经济的出现，使传统市场突破了单一地区范围，向全国，甚至全球蔓延，人们无须走出国门，就可以通过互联网同国际市场上的商家进行交易与合作。网络经济也弥补了传统市场在有限的产品数量及产品类型这方面的不足，任何在网络市场中进行营销的产品，均可以对其进行数量、质量信息比较，使消费者和商家对产品的整体营销状况有了翔实的分析依据。

此外，网络经济还能够改变传统市场的交易方式，现金流动所带来的不便之处在网络支付这一新技术的支持下，找到了有效的解决途径，交易金额不再受到限制，方便快捷的网络支付大大提升了网络经济的交易效率。

2. 传统产业的发展离不开网络经济的推动

传统产业在发展过程中，一直面临着产品供求、顾客需求、资源配置等信息滞后的瓶颈。因此，传统产业经常在产品生产过程中出现盲目供给的资源浪费现象。网络经济诞生以后，信息的交流实时而便捷，关于产品供求、资源配置及顾客反馈等信息全面地呈现于网络平台之中，节约了传统产业的资源，提高了传统产业的劳动效率，客观上使传统产业的发展获得了助力。

3. 新媒体的营销方式需要传统产业与网络经济联姻

在信息技术不断发展过程中，诞生了多种多样的媒介样式，以网络媒体为主导力量的新媒体在信息传播的渠道、方式、效果上具有传统媒体所不具备的多元性、及时性与互动性优势。

在产品营销领域，为了获取更广泛的客户群体对产品品牌的认可及依赖，传统产业也需要利用新媒体对产品进行营销，新媒体的营销宣传甚至可以使传统产业的商家直接建立宣传渠道，省去中间的广告费用，更为直接地与用户进行沟通。

4.传统产业降低生产及管理成本需要采取网络经济的经营方式

上文提及,网络经济的出现使传统实体市场开始向虚拟市场转变,有关商品信息的传播速度也在不断加快。在交易的过程中,很多传统经济需要的中间环节被省略,因此大幅度降低了一系列中间环节的管理成本,而集约化的信息资源出现于网络平台上,也能够使经济组织的管理方式更为集中,从另一层面上节约了管理成本。

更为重要的是,网络经济介入传统产业,也是当代商品市场减少劳动力投入的趋势所带来的必然要求。不论是专业性强的劳动还是单纯的操作性劳动,将人力从生产经营过程中解放出来,是现代化信息工业所要经历的必由之路,这是网络经济在节约人力管理成本上的一个优势体现。

概念术语:传统产业

传统产业主要指代以制造、加工为主的劳动密集型行业,与以高科技为依托的IT、生物科技等非传统行业相对。

要点提示:

传统产业与网络经济结合可以通过两种方式进行:一是以信息服务业为主要内容的新行业的诞生,二是利用互联网技术进行营销行为的新经济模式的产生。在此基础上,传统产业同网络经济结合还与传统产业自身的发展、市场的开放与扩大、新媒体带来的全新营销方式以及迫切需要降低的生产管理成本密切相关。

案例分析:1号店超市网络营销

传统超市是将生活必需的日用品集中在一个大型购物中心里,让客户自主挑选,再进行统一结算与付款。但由于人们生活节奏加快以及大型超市与相当一部分社区很难做到零距离接轨所造成的生活用品采购不便这一现实因素,便诞生了网络超市。1号店超市是大型实体超市网络化运作的良好典范,通过网上自助采购,超市中的货品便能够按照客户提供的地址配送到相应地点,结算方式既可以选择货到付款，也可以通过网络支付，极大地方便了人们的生活。这一超市网络化的新形式，也使1号店成为同行业中的佼佼者。

延伸阅读：

在长期的计划经济体制下，资源型城市为国家创造了大量利润，为国家财政作出了重大贡献，资源型城市的劳动者也因此较其他行业享受着更高的工资、更多的福利和更好的教育。在长期的计划经济体制运行中，我国实行高积累、全保障的政策，东北地区为国家的发展提供了大量的自然资源、技术、人力及财力的支持，社会保障由国家统一安排，公众不必为个人的生老病死担忧，因此，这一地区社会保障资源的地方积累基本上是空白的。资源型城市国有企业职工本应缴纳的养老保险、失业保险等社会保障资金被国家以国有企业利润的方式提取，实际是对当时国企工作人员的保障资金强行进行了积累。这些国有资产不仅凝结了这些工作人员的劳动投入，实际上还包含了应有的社会保障资金投入。而随着社会主义市场经济体制改革的深化，国家不断调整社会保障的相关政策，享受社会保障的统一性与累积社会保障资源的差异性不断扩大社会保障资源的缺口，形成社会保障的"历史欠账"。这种"历史欠账"在资源型城市最为明显，不仅导致经济发展的不可持续性，而且这些"历史欠账"成为解决资源型城市社会保障问题的一个最大瓶颈。

我国现行的养老保险制度实行"部分积累制"模式，个人和单位缴纳的养老保险基金被划分为社会统筹和个人账户两部分。社会统筹部分实行"现收现付制"，用于支付当期退休人员的养老基金；个人账户是一种"完全积累制"，个人账户基金管理的核心是保值增值。目前，我国养老保障制度面临的主要问题是，养老基金社会统筹部分入不敷出，个人账户基金被拿到社会统筹基金中去，个人账户基金"空账运行"。从资金来源上看，如果国家不对计划经济体制下所形成的社会保障"历史欠账"进行补偿，社会保障资金的缺口将无法弥补。计划经济体制下国有企业支付给工人的工资只相当于收入中购买消费品的那一部分，而教育、住房、养老、医疗等方面的工资资金被全部扣除。这笔积累的资金被用于扩大再生产，直接形成国有资产。计划经济下政府统一扣除了相当于必要劳动70%的社会保障部分，社会保障的功能是通过国有企业单位来行使的。按照社会保障支出与利率的关系倒推，目前的一部分国有资产应当属于国有企业职工的社会保障基金。

目前必须在中央政策层面上解决整体统筹的问题，并给予资源型企业适当的政策倾斜。另外，目前实行的中央、地方政府和企业按相应比例进行社保资金配套的模式，对于资源型国有企业来说，实际上是一种顺序倒置、难以实行的资金筹措方式。因为依据此模式，只有企业的资金到位后，地方政府和中央政府的相关配套资金才能得到落实，现实情况是，由于计划经济时代多年来实行的超常规积累政策，资源型城市国有企业的发展现状不容乐观……

——汤吉军：《传统产业转型升级理论与政策研究》，科学出版社2014年版。

三、传统产业与网络经济的结合方式

传统产业与网络经济的结合方式需要从两个方面考虑，首先是传统产业与网络经济接轨的方法和手段；其次是传统产业与网络经济之间关系的建构方法。前者的着眼点在于二者之间就共同经济利益及目标所采取的手段，后者的着眼点在于二者作为市场经济参与主体彼此之间如何进行模式化合作。

1. 网络经济对传统产业渗透的两种方法

在网络经济诞生并发展初期，其对传统产业的渗透方法主要是一种服务性质的辅助性渗透，即利用网络的优势，扩大传统产业的品牌效应及影响力，也可以提供同传统产业相关的配套服务，但交易本身并没有完全实现线上交易自动化。这种方式从本质上来讲，并不是绝对意义上的网络经济，网络仅仅以辅助身份参与到传统产业中，成为推动传统产业向前发展的宣传与服务力量，因此，它所渗透的行业是十分广泛的，任何传统产业部门都可以利用这种方式对其所有产品及形象进行宣传，甚至狭义上传统产业之外的第三产业以及政府部门也可以利用这一方式进行自我发展。

伴随着网络经济的不断发展以及人们购买行为及生活方式的转变，网络经济对传统产业的渗透也发生了根本性的变革。网上交易是网络经济与传统产业结合的高级阶段，在传统产业领域中，各种有形物品的电子订货、付款、物流以及售后服务等加入到网络销售平台中，直接由客户来选择，具有开放与自由两大鲜明特征。这一形式在经过不断完善及发展后，形成了当下有组织、成系统、有规模的电子商务。

2. 传统产业与网络经济之间的关系建构

通过自主创新经营管理模式与网络经济进行某种关系上的连带和建构是传统产业与网络经济之间进行融合的一种主要方法。这一方法需要传统产业不断进行技术上的开发，同时将技术成果产业化，以适应网络经济的技术需求。两者通过技术手段进行接轨，传统产业的产品就同网络经济的营销环境有机融合在一起。

根据已有网络经济的营销状况、模式进行产业模仿升级，是传统产业加入网络经济阵营的另一有效途径。也就是说，传统产业可以根据网络经济的布局及营销方法对自身产业的生产、经营、管理体制进行改造，主动去适应网络经济，以达到两者融合发展的局面。

尽管网络经济具有传统产业不具备的诸多优势，但其发展时间毕竟较短，传统产业的市场交易规模及已有的生产、销售经验对于网络经济来说，还需要一定的时间进行学习，因此，传统产业和网络经济可以平等合作，寻找契合两者共同利益的经济增长点，进行优势互补、资源共享，共同创造价值。不论是技术、资金还是服务，都可以成为传统产业与网络经济合作的内容。这样，传统产业才能走出现代化营销的创新困境，提升自我价值，获得更长足的发展空间。

在上述几种传统产业和网络经济的融合模式的实现过程中，技术的革新是基础，也是实现这一模式的保障。技术创新不仅能使传统产业迅速融合到网络经济中，还能够促使传统产业的产品进行创新，以适应网络经济营销的要求。不论是生产、营销效率的提高还是生产工艺的优化，抑或是资源消耗的减少，技术创新都能够使传统产业摆脱原有的生存模式，进一步向新兴网络经济靠近。

概念术语：技术创新

技术创新是指生产技术的创新，包括开发新技术，或者将已有的技术进行应用创新。科学是技术之源，技术是产业之源，技术创新建立在科学理论创新基础之上；同时，技术创新也是传统产业创新的基本条件。

要点提示：

传统产业与网络经济的结合方式可从两个方面来划分：一是两者接轨的手段，二是两者之间进行合作的途径，而实现这两者的共同基础在于技术的改造与革新，这将使传统产业与网络技术得以更好地结合，最终达到利益共赢。

案例分析：海尔集团的技术创新机制

海尔集团作为传统老牌企业，发展速度快、产品质量高、企业规模大，至今仍然是同行业队伍中的佼佼者。能够取得这样的业绩，同海尔集团不断进行技术创新，以适应网络经济时代的营销环境密不可分。

首先，海尔集团一改传统产业以生产为出发点的理念，通过用户需求来刺激生产，以满足客户对产品的不同需求。为此，海尔建立了适合本企业的用户数据库，同时还建立了中外专利数据库，以求全方位了解用户需求信息，并保护本企业在技术创新过程中的专利成果。

这样，线上的信息搜集与线下的产品销售有机结合起来，使海尔集团在网络经济时代继续向前发展，成为拥有较强竞争力的世界级冰箱企业。

延伸阅读：

每个业务都是服务业务。处于服务行业的公司，信息将赋予其竞争优势。这就是为什么连锁饭店会记录你首选无烟的房间，而租车公司会记录你喜欢的车的类型。此外，传统上认为自身不是服务提供者的公司也开始从不同的角度来思考。汽车经销商是出售汽车还是运输工具？如果是后者，那么每当你自己的车在商店里时，经销商就为你提供一辆替代车是合理的，许多经销商现在就是这么做的。

即使是日用商品也可以加强服务。一家家庭供热石油公司如果能够监视你的使用情况，并在你需要更多的石油时向你提供石油，那么相比一家公司期望你在油箱枯竭和管道冻结前记得打电话来安排你的订单，前者销售的产品更好。对于信用卡公司、长途运输公司、航空公司以及所有类型的零售商而言，服务竞争通常会与价格竞争一样多或更多。

信息即产品。许多公司发现他们拥有的客户信息不仅对自己有价值，而且对其他人同样有价值。一家具有忠诚卡方案的超市有一些消费者包装食品行业会喜欢的信息——关于谁在购买哪些产品的知识。信用卡公司有一些航空公司想要了解的信息——谁在买大量的机票。超市和信用卡公司都处于知识经纪人的位置。超市可以通过打印优惠券向食品公司索取更高的收费，此时超市会承诺通过向适当的购物者打印适当的优惠券获得更高的回报率。信用卡公司可以向航空公司收费，其目标是为经常旅行，但乘坐其他航空公司航班的人提供频繁的飞行积分。

Google了解人们正在Web上寻找什么。它在出售赞助商链接（以及其他事物）时利用了这种知识。保险公司会为确保某人在搜索“汽车保险”时，为其提供它们站点的链接而支付相应的费用。金融企业将提供赞助商链接，从而当有人搜索诸如“抵押贷款再融资”之类的短语时显示其链接。

——〔美〕林那夫、贝里：《数据挖掘技术：应用于市场营销、销售与客户关系管理》，巢文涵、张小明、王芳译，清华大学出版社2013年版。

四、网络经济对传统产业的影响

1.促使传统产业改变生产方式及生产流程

在传统产业阶段，生产和消费之间构成了相互对立的经济关系，产品价值要靠消费来实现，生产决定消费，消费对生产的反作用是延迟而滞后的。网络经济的到来使信息加入到了传统生产要素中去，加大了消费对生产的反作用力，生产和消费之间的关系由简单的对立发展到了通力合作，生产者和消费者共同完成了产品的价值增值。

此外，生产者和生产资料也在网络经济的影响下展开了一体化进程。在传

统产业生产时期，人与生产资料是绝对分离的，因此两者处于对立状态；而在网络经济时期，全面、立体的网络信息资源深刻影响着单向度的流程化生产，从生产到消费过程中的各个环节，都处于一种开放性的、共享式的循环状态。也就是说，在网络经济时期，人力资本同物质资本相比，地位在不断提升，人的技术知识含量越高，生产资料的使用程度就越优化，生产效率就越高，而人的技术知识含量的获取，是需要通过大量的学习的，在这一过程中，知识完成了资本化进程，生产企业的人力管理成本加大。甚至在相当一部分企业中，管理者能够获得企业的股权，生产者和所有者出现了身份合一的情况，这在客观上加大了对人本身的激励度，提高了企业的生产效率。

综上，网络经济的发展，体现在传统产业生产方式的改变上，其主要内容就是将以物质生产为主体的生产方式转变为以人为本的生产方式。面对网络经济带来的日趋激烈的市场竞争，这种生产方式所带来的优势将更加鲜明地体现出来，并为大多数企业所采用。

2.改变了传统企业内部的组织模式

网络经济伴随着传统产业经济的高度发达而诞生，它的诞生改变了企业内部的组织和管理模式，不再按照既定的生产流程进行单向度、扁平化管理，而是在虚拟化、全方位、立体化的管理理念下，进行一种互动式的人性化管理。

利用网络资源进行组织模式的建构是网络经济时代的重要管理举措，这一举措直接带来管理成本的降低和资源的合理利用，其最终目的在于建立一个效率高、结构精的管理系统。

在这一系统的规划下，企业生产、经营、消费这一链条将变得灵活、敏捷且富有创造力，信息沟通的层级性障碍不再存在，横向的信息资源共享使企业管理的各个层级能够充分发挥自身的能动性。

在这一管理模式下，甚至诞生了一种新型的企业类型，即"虚拟企业"。企业中生产、经营、销售等环节均通过其他外部资源来完成，企业的核心在于通过网络技术整合资源，利用虚拟手段对其他资源进行调配。这不仅降低了企业的组织管理成本，还使企业有了更充分的时间来发展其核心业务。企业通过这种方式与其他相关企业进行联盟合作，真正做到了优势互补。

3.使传统产业生产朝向全球化迈进

随着网络经济时代的到来，信息成为传统产业在营销过程中的重要资源，使生产要素在全球范围内迅速流通，传统产业朝向全球化领域迈进。以往孤立的产品生产、销售状态被网络经济彻底打破，各个行业、领域的分工日益精密，协作程度也逐渐加强，传统产业在生产过程中被合理组织安排了。

促使这一现象形成的原因在于生产资料的信息化、数字化和智能化，其流通打破了地区与地区之间的界限，提高了生产效率，减少了管理成本，科学技术等要素转化为生产力，极大提高了传统企业的生产力水平，使传统企业获得了更丰厚的经济效益。

概念术语：虚拟企业

虚拟企业是当市场出现新机遇时，具有不同资源与优势的企业为了开拓市场，共同对付其他的竞争者而组织的、建立在信息网络基础上的共享技术与信息、分担费用、联合开发的互利的企业联盟体。虚拟企业的出现通常源于参与联盟的企业要追求某一靠自身能力无法实现的超常目标，即这一目标高于企业运用自身资源可以达到的限度。因此企业只有突破自身的组织界限，与其他对此目标有共识的企业实现全方位的战略联盟，共建虚拟企业，才有可能实现这一目标。

要点提示：

在网络经济的趋势下，传统产业在生产方式、生产关系、管理模式、生产规律等方面发生了根本性的变革，这一变革充分体现了网络经济的优势，同时也是未来整个社会市场经济发展的目标。

案例分析：美特斯·邦威的全新生产管理模式

美特斯·邦威是本世纪初诞生的一个全国性的、休闲服饰品牌领域中的领军企业，年销售额多达8亿多元，但伴随着网络经济的兴起，到了2008年，美特斯·邦威传统的生产方式就不再适用于信息化经济时代，导致企业在网络经济市场中濒临倒闭。

面对这一局面,美特斯·邦威尽快适应了网络经济的生存方式,将本企业的服装生产外包给其他服装生产商,以便使自己的绝大部分资源集中在品牌营销策略及品牌宣传上。在这一改革举措的影响下,美特斯·邦威有了足够的资源去制定自己的品牌战略,同时也在力图寻找网络营销这一新形式有可能为其带来的赢利增长点。

最终,美特斯·邦威采取了特许经营策略,将连锁店做成直营和加盟混合的形式,同时根据不同地区的具体差异,收取相应的、不同等级的加盟费,以便节约市场开发成本。在这一过程中,美特斯·邦威将所有的加盟店及直营店进行信息化管理,实现了宏观调配资金和物流的管理模式,并通过企业内部网络信息,进行统一的产品发布、电子订货、销售网店布控等,同时加强对每个网店的数据统计,及时做出适当的资源调配举措,大幅度提高了资源配置的优化程度。

延伸阅读:

要理解高度相连的系统,需要有一组概念,用来推理网络的结构、策略行为,以及它们在一个达到一定规模的人群中所产生的反馈效果。这些概念,传统上分散在许多不同的学科中。然而,随着在网络方面公共兴趣的增加,围绕网络问题研究的不同科学领域开始走到一起。每个领域都带来了重要的思想,但完整地理解它们似乎要求多种视角的综合。

同时,一个全局的图景能够帮助填补这些学科自身范畴内缺失的成分。经济学开发了丰富的理论,一方面可用于分析少量成员之间的策略性互动,另一方面则用于分析大规模、同质人群行为的累积效果。但我们注意到许多经济生活发生在这两个极端之间复杂的情形中,局部互动的内部模式可带来宏观的效果,这就是对经济学提出的挑战。社会学形成了一些基本的认识,有助于我们认识社会网络结构,但它的网络分析方法局限于传统上能够收集到的数据的规模与领域,基本上限于几十到上百人以内。当前,面对一个新的世界,海量的数字化网络数据和广泛的网络应用,对我们如何提出问题、形成理论、评估关于社会网络的预测,都带来了许多新的机会。计算机科学,随着Web和社会媒体的兴起,也不得不面对这样一个新世界,设计大规模计算系统的限制条件不仅在于技术，还在于人类。当人类参与者集体地使用 Web 来通信、自我表达以及创造知识的时候，也就创造了复杂的反馈。一个关于网络结构与行为的理论，如果想令人满意，就要有潜力来应对所有这些领域中要面对的挑战。

——〔美〕大卫·伊斯利、乔恩·克莱因伯格：《网络、群体与市场：揭示高度互联世界的行为原理与效应机制》，李晓明、王卫红等译，清华大学出版社 2011 年版。

第二节　互联网产业的纵深发展

通过互联网进行生产、服务、销售活动即为互联网产业，大数据、云计算、物联网等均为互联网经济的技术依托及存在方式。伴随着互联网产业在经济、军事、文化等领域的广泛应用，互联网产业已成为衡量一个国家经济实力的重要因素之一。

一、当代我国互联网产业的发展状况及规模

我国互联网的发展起步于 20 世纪 90 年代初，直至今日，互联网用户的数量从最初的每年翻番到如今每年增长 3—4 倍，截止到 2014 年年底，据中国互联网络信息中心（CNNIC）的统计报告，中国互联网用户已多达 7.4 亿，手机网民规模也达 5 亿多，中国成为继美国之后全世界排名第二的互联网大国。

2003 年，国家发改委等 8 家部委联合上报的《关于推动中国下一代互联网有关工作的请示》获得国务院批复，中国互联网下一代示范工程正式启动。十年后，中国互联网市场迎来了新的赢利增长点，即互联网技术与传统生产贸易相结合带来的电子商务，这使得诸多传统企业改变了原有的生产方式、管理模式以及营销手法，以迎合互联网经济的内在需求。

从当下发展势头来看，中国的互联网经济还有十分强劲的发展后劲，在成为继美国之后的互联网第二大国之后，互联网经济将全盘带动通讯、金融、教育、商务以及传统制造行业的迅猛发展，以新的赢利模式为国民经济创造良好的增长契机。

概念术语:CNNIC

中国互联网络信息中心(China Internet Network Information Center,简称CNNIC)是经国家主管部门批准,于1997年6月3日组建的管理和服务机构,行使国家互联网络信息中心的职责。作为中国信息社会基础设施的建设者和运行者,中国互联网络信息中心(CNNIC)以"为我国互联网络用户提供服务,促进我国互联网络健康、有序发展"为宗旨,负责管理、维护中国互联网地址系统,引领中国互联网地址行业发展,并权威发布中国互联网统计信息,代表中国参与国际互联网社群。

要点提示:

互联网经济的发展离不开技术的进步,互联网自20世纪90年代初在我国普及至今,具有十分强劲的发展势头,我国已成为继美国之后全球互联网经济第二大国。今后,互联网经济将成为推动国民经济增长的最有利因素。

案例分析:互联网经济的革命——社群经济

在互联网经济领域中,一切经济的发展动力均来自社群力量,任何企业的品牌都在试图通过社群化为更广泛的网民所熟知。不论是微博、微信还是其他互联网营销方式,目的都是利用这种社群化的新经济模式促使更多的用户加入到互联网经济中。与此类似的社群经济营销模式还包括滴滴打车、联想农业以及智能化的家居业务,人与物品、人与人之间形成了有效连接,扩大了互联网经济的影响范围及延伸领域。

延伸阅读:

Facebook、YouTube、Twitter、Plurk等社群媒体平台在近年迅速走红。它们不只是聊天、玩乐、打发时间的工具,事实上,社群媒体已经彻底颠覆商业与消费者行为。即时通讯功能让成千上万人彼此相连,不仅影响人们的社交生活,也促成了庞大的社会经济转变,彻底改变了消费者与企业之间的沟通与互动模式。社群媒体的威力强大,它可以在一夕之间,迅速强化或摧毁品牌。不论个人或企业形象皆然。

对个人使用者而言，社群媒体能让使用者轻松与外界交流。同时，众多个人集合成的庞大社交圈，也将形成极有效率的推荐机制，取代搜寻引擎，让使用者迅速找到好的产品及众多实用资讯。在本书中，将有许多实际案例说明个人应如何适当使用社群媒体，让生活更充实、更丰富、更有效率。

对企业而言，由于众多个人使用者（也就是潜在消费者）对社群媒体的依赖渐深，如今传统广告已不如同侪意见或网路评鉴机制更能打动消费者。直接锁定消费者的行销讯息将逐渐失效。众多成功的企业，如今已将社群网站视为庞大焦点团体，以及迅速和消费者交流的工具。

——〔英〕艾瑞克・奎尔曼、朱利恩・史密斯：《社群新经济时代》，洪慧芳译，财信出版公司 2010 年版。

二、互联网经济的发展趋势——寡头经济的形成

伴随着新媒体的迅速发展及广泛应用，对移动平台的开发与竞争成为通讯及新媒体行业最为关注的重点。为了占据移动平台这一潜力巨大的市场，各个互联商家开始竭尽全力开发自己的平台，以突出自身的竞争优势，其中百度、阿里巴巴、腾讯等互联商家是主要对垒阵地。从某种意义上来说，这是我国互联网经济的寡头阵势。

从狭义上来说，互联网寡头经济由百度的搜索、腾讯的社交、阿里巴巴的商品交易组成，尽管三家在各自擅长的领域都有突出表现，但其竞争对垒的态势已彰显，BAT 移动平台战也成为本行业内最具看点的“大戏”。

严格来说，BAT 的平台战略并不能算作是竞争，因为各自的战略重点及措施有所不同，但将其放在移动互联行业的大环境中来看，三者之间的竞争却是显见的，不论他们使用何种策略，根本目的都在于最大限度地分割移动平台市场的“蛋糕”。

BAT 针对三家在移动平台竞争阶段存在的问题，也在积极探寻稳妥可靠的解决措施，以力图在下一阶段增强自身对移动平台的影响。全面开放移动平台是上述三家移动互联企业不得不选择的出路。

而在当下的移动互联环境中，App 并购则成为一种必然趋势，这也将成为

三家移动互联企业在未来相当长一段时间内的另一重要策略。其中具体包括以下两个方面。

1.入口之困境

尽可能争夺到更多的移动平台入口，是移动互联企业在这一领域中获取更大利益的先决条件。2010年，新浪微博客户端正式上线；2011年初，网易新闻客户端正式推出；随即，腾讯第一版微信诞生，凭借已有的庞大QQ用户群体，腾讯顺利争夺到了移动互联时代的最强入口；不甘示弱的网易则优化客户端，推出自己开发的有道词典、公开课等；百度的举措则是将浏览器和搜索应用到极致；阿里巴巴的竞争优势仍然体现在生活及购物平台上，美团网、虾米网、高德地图是其最经典的产品。

也就是说，对移动平台入口的关注是BAT及其他互联商家发展策略的重点，对于百度、阿里巴巴、腾讯这些互联企业巨头来说，抢夺入口将更有助于其对整个移动平台的布局和垄断。

2.渠道之拥堵

占领入口之后，移动互联企业面临的并非一帆风顺，而是拥堵不堪的渠道。这一局面主要是雷同App的大肆开发造成的，解决拥堵的最有效途径是并购。例如，小米开发的“米聊”和腾讯“微信”在渠道上就产生了短暂的拥堵状况，在微信的打压下，米聊的用户数量很难有所突破。

通过并购来对移动平台进行布局，是BAT采取的主要进攻策略。巨头一旦收购了行业龙头，后面雷同产品几乎就要面临崩溃，排在末端的App很快就会因久久不被启动而下线。并购最大的优势就是能够将雷同App的功能进行整合及强化，以充分发挥其功能优势，从而避免资源的分散和浪费，这将有助于App摆脱流量难以变现的窘迫局面。

概念术语：移动互联网

移动互联网就是将移动通信和互联网合而为一。指互联网的技术、平台、商业模式和应用与移动通信技术结合并实践的活动的总称。4G时代的开启以及移动终端设备的广泛应用必将为移动互联网的发展注入巨大的能量，移动互联网产业将实现飞跃式发展。

要点提示：

伴随着新媒体的迅速发展及广泛应用，对移动平台的开发与竞争成为通讯及新媒体行业最为关注的要点。移动通讯平台通常是与通讯相结合的移动系统化平台，由移动通讯终端、移动通讯网络和数据中心组成，比如苹果的 iOS 平台、谷歌的 Android 平台、微软的 Windows Phone 平台，其最大的特征是与传统互联平台相比，更加重视用户的私人体验。

案例分析：对 BAT 互联网垄断格局的破冰之举

从 2014 年的互联网格局来看，O2O 已成为一种典型的互联网赢利模式，除占据着互联网赢利市场大半壁江山的三大寡头 BAT 以外，其他传统企业也在试图通过互联网化在寡头垄断经营的环境中分得一杯羹。打破 BAT 对互联网生态格局的垄断，成为其他企业获取网络资本地位的主要途径。

京东商城的举措就是对互联网三大寡头经济的一次挑战。顺应着电子商务兴起的势头，成立于 2004 年的京东商城从 3C 电子商务做起，逐步向综合性 B2C 电商领域扩展，经过几次融资，京东商城在 IT、物流等领域的服务质量都有所提升，使同类电商企业阿里巴巴感受到了巨大的压力，淘宝所进行的卖家招商、双十一等策略，就是对京东压力的回应，淘宝试图通过一系列网络营销举措捍卫自身电商领头羊的地位。

但京东的优质产品、快速发货的优势，使其获得了良好的信誉口碑。到 2014 年第二季度，京东的 B2C 市场占有份额已经超过了 20%，尽管落后于淘宝天猫，却打破了淘宝天猫的垄断局面，这对未来京东扩展电商边界的可能性奠定了坚实的基础。

延伸阅读：

在互联网改造了我们思维和生活的同时，电子商务作为互联网经济的核心形态，正以前所未有的姿态向所有商业活动发起摧枯拉朽式的猛烈攻击。

电子商务对现实生活的穿透力，不仅仅表现在天文数字般的商业数据上，更表现在对公众消费习惯的强大颠覆上。

在大兴安岭深处，有一个名为“敖鲁古雅鄂温克族”的古老民族。这个只有243人的民族，在气温最冷达到零下50多度的极端条件下生存，终日与驯鹿为伴。迄今为止，他们中的很多人仍保持着最原始的生活方式，被称为“中国最后的狩猎部落”。

2003年，一部分鄂温克人以生态移民的方式进入内蒙古根河市的定居点。而另一部分人坚持留在森林之中，继续着原始的生活方式，其中包括92岁的玛丽亚索老人，她是鄂温克族里最为年长的一个，被很多人尊称为“老酋长”。

然而，原始生活方式在不知不觉中与现代生活发生着碰撞。

2013年11月11日，玛丽亚索的长孙何勇，鄂温克族定居点的乡政府工作人员，趁着这一天的大促销，帮助祖母从网上购买了一条红色的围巾。

三天之后，快递员将包裹送到了根河市的鄂温克族定居点，送到了玛丽亚索的长孙何勇的手中，随后何勇把围巾带到了山上的祖母的面前。

这是当今社会最原始的生活方式与最领先的商业形态之间的一次碰撞和融合。三天之内，一条跨越2000多公里的围巾，让跨越几千年的两种生活方式进行了一次闪电般的“时空对话”。

手指一点，足不出户，就可以买到东西，这是在原始生存环境之下的玛丽亚索老人做梦都无法想象的场景。

今天，电子商务已经成为我们的一种生活方式。无论是身居闹市，还是地处偏远，无论是吃穿住行，还是交友婚恋，我们都能感受到电子商务的便捷、迅速与神奇。就连玛丽亚索的后人们也开起了网店，将他们的鹿产品放到了网上售卖。

网络购物已经成为我们生活中的一种DNA。越来越多的人，逐渐从犹疑不定的网络购物怀疑者，渐渐步入坚定支持者的行列。《2012年度中国网络零售市场数据监测报告》显示，我国网络购物用户规模达到2.47亿人，平均每6个人之中，就有一个是网络购物者。仅2013年11月11日这天，涌进天猫的网购用户就达到1.88亿人次。

中国的电子商务，正在以其独特的购物体验疯狂地从传统零售业中争夺用户。用户从传统零售业倒戈的概率有多大，大部分电商都很自信。在阿里巴巴创始人马云看来，这个时代已经到了离不开电子商务的地步，“你今天一定要用电子商务，用互联网的思想和互联网的技术，去解决你现有的商业中发生的问题”。

——吴晓波：《商战：电商时代》，湖北教育出版社2014年版。

三、互联网经济的赢利模式

互联网经济的赢利模式代表着互联网企业获利的手段与途径，其赢利模式受到互联网环境的深刻影响。在日益复杂的互联网环境中，如何对互联网经济赢利模式进行创新，是一个企业能否在信息社会中获取经济效益的根本。

移动互联网正值迅速发展之际，以电子商务为主导力量的各式各样的互联网赢利模式遍布整个网络。不论是O2O、B2B，还是B2C，一系列应用服务在迅速发展的同时，也加速了各行各业之间的产业融合，推动了互联网经济的持续迅猛增长。

但同时我们也应当明确认识到，尽管互联网经济是一种新诞生的经济类型，但其本质仍然是以产品的买卖、服务来获取利润的，与传统意义上的市场经济规律具有同质性。对利润的追求是互联网经济领域中企业主体的根本要求及发展基础，对几种典型互联网赢利模式及支付手段、市场秩序进行探究，有助于我们充分掌握互联网经济运行的基本动力及规范。

1. B2B模式

B2B模式是企业对企业之间的网络营销关系。企业通过B2B网站与客户进行联系，通过网络的及时回应，为客户提供更好的服务，以此来促进企业的发展。B2B模式的优点在于它能够使企业通过与供应商之间的联系，实行自主采购，以便减少双方的人力、物力及财力的投入；一旦采购流通效率提高，相应的库存成本也会降低，物流周转的时间也会减少；更为重要的是，企业可以借此与潜在的客户建立网上联系，网络覆盖性强的优势能为企业带来更广阔的市场空间，拓宽企业的赢利渠道。

2. B2C 模式与 C2B 模式

B2C 是 Business to Customer 的缩写，简称为“商对客”。也就是说，在商业零售的过程中，直接面对消费者销售自身产品和服务。通常以网络零售行业为主，他们借助互联网进行线上销售。这样，企业就能通过互联网为消费者提供销售平台及购买环境，消费者通过网上支付完成购买行为。这种方式的优势在于网络上的商品品种齐全，种类繁多，且消费者通过客户评价机制能够对产品的性能有深入了解。天猫、京东、当当等都属于此类模式。

C2B 与 B2C 模式相对应，是 Customers to Business 的缩写，简称为“客对商”。这一模式遵循消费是生产的动力的原则，根据消费者提出的购买需求组织生产，使产品符合消费者提出的性能、功用、价格等要求。消费者甚至可以自主参与产品设计，企业进行定制化生产。这一模式的产生与生产成本高、生产与消费之间存在诉求障碍密切相关。天猫商城的预售模式即 C2B 模式的典型代表。

3. C2C 模式

C2C 是电子商务的专门用语，指个人与个人之间的电子商务模式。淘宝网所采用的交易方式是典型的 C2C 模式，其赢利方式主要包括交易提成、广告费、搜索排名竞价、支付环节收费。

4. ABC 模式

ABC 模式是新型电子商务模式的一种，ABC 分别是代理商（Agents）、商家（Business）、消费者（Consumer）的缩写，三者共同搭建生产、营销平台，且互相转化、共同赢利、相互支持、资源共享。也就是说，网店、服务店、营销服务系统和消费联盟形成了一个整体，传统的网络营销、连锁店经营、服务体系被有效管理起来，将客户的需求提供给管理系统，管理系统再提供给商家，商家对其进行产品交易及相关服务，实现立体式、全方位营销。当下逐渐发展起来的社区服务网店就是 ABC 模式的现实应用。

5. O2O 模式

O2O 即 Online to Offline 的缩写，指的是将线下商务机会与线上网络营销进行有机整合的商业模式，使互联网成为线下交易的前台。这样，线下服务就可以用线上的方法来招揽客户，在线上完成交易，使线下产品销售达到可观的规模。这种商业模式最大的优势在于每一笔交易都是可以跟踪查询的，这增加了交易的信誉度。淘宝本地生活平台、团购等均是O2O模式的典型代表。

概念术语：网上支付

网上支付是电子支付的一种形式，它是通过第三方提供的与银行之间的支付接口进行的即时支付方式，这种方式的好处在于可以直接把资金从用户的银行卡中转账到网站账户中，汇款马上到账，不需要人工确认。客户和商家之间可采用信用卡、电子钱包、电子支票和电子现金等多种电子支付方式进行网上支付，节省交易的开销。

要点提示：

电子商务模式是在网络环境下以一定的技术为基础，进行商务运作的赢利模式。对电子商务模式的类型进行详细分析，有助于进行高效的、利润丰厚的电子商务模式创新，也利于企业在网络经济中获取更大的利益。

案例分析：腾讯网络虚拟货币

腾讯Q币在网络交易中以一种虚拟货币的形式充当了价值尺度，具有公平性与公正性，它一改传统货币的价值尺度实现方式：需要真实的具有价格的物品的存在，而以一种虚拟货币官方售价来进行价值衡量，其价值尺度同人民币的尺度相关。也就是说，在进行交易的同时，Q币与人民币在思想观念上等值，它所执行的是人民币在现实生活中的价值尺度职能，与此雷同的还包括淘宝上出现的淘金币等虚拟货币。

在推出Q币时，腾讯的意图是将Q币与QQ账号绑定在一起，只有实现绑定之后获取的Q币，才能够使用与转账，但后来，伴随着Q币的兴起及功能的不断开发，它开始在网络上大规模应用，通常的使用方式是将其与游戏公司推出的游戏币进行转换，游戏币可用Q币进行买卖。

延伸阅读：

线下服务可以在线上揽客，消费者则可以通过线上来筛选服务，在完成每笔交易时还可以在线结算。这种方式可以促使商家很快达到规模交易，最重要的是，推广效果可查，每笔交易可跟踪；方便形成数据库，能够将会员的精准营销做到价值最大化。大多数实体店会员是有过现场消费经验的，而线上会员并没有现场消费经验，对品牌文化的了解并不多，对他们进行精准的推送容易使其成为产品的忠实顾客。

从表面上看，O2O 的关键似乎是在互联网上的信息发布，因为只有互联网才能把商家信息传播得更快、更远、更广，可以瞬间聚集强大的消费能力。比如聚划算，笔者第一次接触到聚划算活动时就让平台那跳跃的数据惊着了。但这远远不够，企业需要解决的是长久的交易达成问题，也就是消费者对品牌的忠诚度问题，而不是价格“屠城”。我们都知道传统企业产品的卖点是最能吸引消费者的，但这些在实体营销环境里战无不胜的营销利器到底能帮助多少企业从线上引来增量顾客，到现在还是个未知数。如果这部分增量顾客足以支撑实体店进行自我革命时，实体店自我推动 O2O 的力量是否足够？特别是线下庞大的、素质参差不齐的导购团队是否能够真正帮助 O2O 顺利闭环，这也是传统企业面对 O2O 一片叫好声时需要慎重考虑的。

在传统的工业化时代，企业的标准思维模式是大规模生产、大规模销售和大规模传播。但在互联网时代，传统企业生产、物流和营销所依赖的物质基础和技术基础受到了极大冲击。互联网的核心是将信息电子化，并在这个基础上完成存储和传输，由此大大提高信息传播的效率。信息技术飞速发展必然会走向互联网，实现与实体的无缝对接、人与物的整合。比如对于娱乐圈的绯闻趣事，明星文章和妻子马伊琍的两条分别发表于凌晨的“认错”和“原谅”的微博。

——苏静、王宇静：《电商时代传统企业 O2O 之道》，电子工业出版社 2014 年版。

第四章 跨媒体营销:概念及特征

本章内容:

本章所讲述的内容主要包括两个方面:一是对跨媒体营销的概念进行内涵和外延上的界定,同时简单介绍跨媒体营销当下的发展态势;二是对跨媒体营销的几个特征进行系统分析,同时展望跨媒体营销未来可能的发展方向。跨媒体营销的特征是本章论述的重要环节,对其特征进行充分了解,有助于我们对跨媒体营销这一新型媒介营销行为作出全面、立体、客观的分析,同时更为充分地认识跨媒体营销的本质意义。

第一节 跨媒体营销的概念界定

一、何谓跨媒体营销

跨媒体营销是我们在传统营销的过程中,在通过获取媒体内容资源赢得利润的同时,与新媒体建立起的一种共享利润的营销模式。这种营销模式存在于竞争日益激烈的媒介环境之中,传统媒体与新媒体之间正试图通过强强联合,走共同发展的赢利之路。

事实上,跨媒体营销并不是单纯将传统的媒介内容通过多渠道媒介进行展示,受众在不同媒介中找到相同媒介内容的同时,更加重视的是充分发挥不同媒介平台的功能,以便形成优势互补,也只有充分发挥不同媒介平台的融合效应,才能使产品本身及品牌概念的传播效益最大化。

同传统媒体相比,新媒体的优势在于其媒介内容能够突破时间及空间的限制,在任意时间、任意地点对受众进行全范围开放,使受众与媒介内容进行零距离接触。一旦新媒体与传统媒体相结合,媒介内容就会通过多元化的媒介通道充分传播,实现双赢。

更为重要的是,跨媒体营销平台能够给受众带来全新的立体感官空间,任何形式的媒介内容均可以成为营销主体,丰富而多元,实现了不同形式媒介内容之间的优势互补。

概念术语:跨媒体

所谓跨媒体传播是指信息在不同媒体之间进行流动与互动。它至少包含两层含义:其一是指信息在不同媒体之间进行交叉传播与整合;其二是指媒体之间的合作、共生、互动与协调。

要点提示:

对跨媒体营销进行概念上的理解,要从两个方面入手:一是理解传统媒体与新媒体之间的交叉传播与整合方式;二是尽量厘清不同媒介之间是如何通过一系列手段与方法进行合作、共生与互动发展的。

案例分析:跨媒体梦幻联赛[①]

在了解到跨媒体营销的潜力后,媒体战略家正在竭尽所能将电视观众转向网络。电视广告和跨媒体宣传活动需要同时使用这两种媒体(或者至少从这个角度去看,可以提供更好的用户体验)。这种宣传方式可以将用户的同步信息化转变成用户与品牌之间的互动,从而提高品牌的忠诚度、病毒营销的影响力。当然,也能创造更多的广告机会。

---

① http://column.iresearch.cn/u/tessa_WEGERT/282388.shtml.

现在用得较多的一种方式是使用网络游戏，这既能确保品牌的忠诚度，又能将观众引向网络。现实中许多例子都是使用梦幻联赛来达到这一效果的。哥伦比亚广播公司(CBS)的游戏 Survivor Fantasy League 允许玩家每周都可以登录一次，选择下一场比赛落选的球员。该游戏甚至还举行了一个相关的比赛，以增加游戏的吸引力。获胜者还能赢得一次去南太平洋旅行的机会。

由于观众在投票时并不需要真的观看比赛，为了达到类似的效果，该游戏的赞助商 Spring 邀请观众参与一个相关的移动竞赛。在每段比赛的最后，观众都会获得当周最佳球员的三位候选人名单，观众投出自己的一票后，就有机会获得一大笔现金奖励。

为了鼓励该跨媒体活动在网上举行，Spring 还特意开发了一个与该赞助活动及移动竞赛相关的微型网站。该网站不仅介绍了活动和比赛的规则，而且还介绍了节目演员阵容的相关信息、视频剪辑(也可以在手机中查看)、产品信息，以及一个 Survivor Fantasy League Facebook 应用程序的链接。该应用程序也是由 Spring 赞助的。

哥伦比亚广播公司的网站、Spring 微型网站，以及 Spring 的移动内容，除了刺激用户在专有时段参与该游戏，还有助于延长用户体验游戏的时间。在鼓励观众在整个赛季都观看节目的同时，也让用户有更多的机会与 Survivor 品牌进行互动。

延伸阅读：

英国文化研究的奠基人斯图亚特·霍尔(Stuart Hall，1983)提出了最终决定论(Determination in the Final Instance)与最初决定论(Determination in the First Instance)的区别框架。在重新评价马克思主义理论的过程中，霍尔质疑了绝大多数的批判性理论不加分析地采纳社会经济基础从根本上既决定人类生活，又决定人类如何创造历史的观点的做法。与之相反，霍尔一方面承认经济基础与物质条件在一定程度上影响着人类行为与社会交往；另一方面强调技术的发明在社会运用中具有相对不确定性和可变性。技术具有产生意料之外，甚至无法预见的深远影响的潜能。

举例而言,在过去十年间,手机短信息服务(Short Message Service,SMS)成为推动移动通信技术风靡全球的关键因素。然而,鲜为人知的是,短信息在发明之初只是作为一种单向服务,它被服务提供商用于告知消费者有等待接收的语音信息(Gow & Smith,2006:55)。这跟今天短信息的双向交互的传播形态大相径庭。尽管短信息已经成为移动传播第一畅销的服务,但无论从技术的潜在可能,还是总体的赢利驱动来看,都无法对今天短信息的风靡做出解释。因此,技术因素(以及经济因素)充其量是为收发短信息的社会行为奠定了最初的基础。

在亚里士多德看来,一种物质的潜力最终都将通过一种社会形式得以实现。格里戈里·贝特森则认为,不同物质得以实现的特定方式形塑了物质之间的差异,并且影响着消费者的日常交流和服务商的赢利情况。从上述观点出发,最初决定论隐喻着一种对待传播的物质基础的不同的,或者说否定的观念。虽然新技术重新划分了可能性与不可能性的界限,但它并未准确地预测什么能够成为可能。因此,技术的社会应用必须植根于物质;这种应用往往需要经历一系列漫长的、累积式的发展,逐渐被人们所认识与重构,并且经历"文化的创造"(Culturally Invented)(Carroll,1988:143)。这正如泥土变成石碑,金属形成模具,电磁演化为广播一样。

——〔丹麦〕克劳斯·布鲁恩·延森:《媒介融合:网络传播、大众传播和人际传播的三重维度》,何道宽、刘君译,复旦大学出版社2012年版。

二、跨媒体营销与媒介营销概念上的划分

1. 媒介营销

媒介营销是媒介公司为了获得较好的传播效果和经济效益,主动同市场进行协作沟通宣传,实际上是媒介公司为了推广自身、扩大市场影响力、扩大市场占有率的举措。

媒介营销宣传的对象是维持媒介公司运营的支持团体,即受众和广告用户。媒介营销具有多种渠道与方式,包括广告宣传、公共宣传、播出或非播出推

广等。媒介营销的本质是二次销售：第一次销售的是信息，通过销售信息获得消费者的注意；第二次销售的是被回收了的注意力资源，同时将注意力资源销售给广告主。

2. 媒介整合营销

美国广告公司协会(4A) 曾经对整合营销传播做出如下定义：这是一个营销传播计划概念，要求充分认识用来制订综合计划时所使用的各种带来附加价值的传播手段。如普通广告、直接反应广告、销售促进和公共关系等，并将之结合，提供具有良好清晰度、连贯性的信息，使传播影响力最大化。

媒介整合营销主要强调各种营销手段的综合运用，企业制订整体营销计划，同各种营销机构协同合作，同时综合使用各种营销手段，向市场传递同企业及产品相关的信息，以便建立与客户之间的良好关联。

媒介整合营销的特征主要体现为综合性及宏观性，这一概念涉及管理学、经济学、传播学、营销学、广告学和公共关系学等多重领域。媒介整合营销是媒介市场主体通过自身的价值理念和内部的管理机制，充分利用各种媒介资源及营销手段，宣传企业及产品，同时获取相应的经济利益。

同媒介营销相比，媒介整合营销的内容更加全面、宽泛，更重视媒介资源的综合性运用，是媒介营销发展到高级阶段的产物。

概念术语：营销技巧

营销技巧即商家对客户心理、产品专业知识、社会常识、表达能力以及沟通能力的熟练掌握及应用。销售技巧是销售能力的一种表现，同时也是一种工作技能，利用引导成交法、假设成交法、关键按钮成交法、富兰克林对比法、门把成交法、软硬兼施法等，使受众对产品产生极大兴趣，从而达到销售效果最大化。

要点提示：

对跨媒体营销进行深度理解，需要将这一概念同媒介整合营销概念进行区分。同媒介营销相比，媒介整合营销的内容更加全面、宽泛，更重视媒介资源的综合性运用，是媒介营销发展到高级阶段的产物。

案例分析：《淘宝天下》的跨媒体营销策略

作为媒介融合时代背景下的刊物，《淘宝天下》是淘宝网的第一份官方媒体，试图改变受众的消费方式、生活方式、就业方式。作为我国第一本专业化的网络杂志，《淘宝天下》以杭州为根据地，面向全国发行，在启动阶段，每周的基本发行数量都多达50万份。其后，这份刊物在网上的单期销售量创造了8万份的纪录。

在纸质媒体日渐衰落的当下还能取得不错的销售业绩，《淘宝天下》的成功主要是借助网络资源，采取了具有特色的销售模式。淘宝网的卖家在购买不同等级的会员资质之后，除了获得了线上及线下的品牌推广资源，还必须承担随商品包裹赠送周刊的发行任务。这既提升了发行量，又由卖家承担了绝大部分发行费用，解决了传统媒体发行越多亏损越多的难题。

在内容选择上，《淘宝天下》充分利用互联网优势，吸引年轻读者。编辑部编辑流程透明，吸引网民灌水、拍砖，实现与网民之间的充分互动，将互动结果呈现在纸媒体中，搭建与消费者之间的亲密平台。

而将广告和内容相结合，则是《淘宝天下》最经典的跨媒体销售手段，这其中的载体即为"淘代码"。淘代码是淘宝网的一种商品代码，是内容与广告有效结合的载体，将其植入周刊，能够帮助读者迅速找到商品或店铺，完成购买行为。

延伸阅读：

统治阶级采用的方法之一，就是使人们相信，社会中并没有阶级的存在，或者是阶级在某种程度上是偶然形成的，是无关紧要的。因此，在美国我们相信"无阶级"(Classless)社会的神话，是因为我们并没有一个世袭的贵族制度，而且上等阶级在社交场合表现得友善可亲，甚至连大公司的总裁也会称呼门卫或管理员的小名，但是马克思主义者认为这是掩饰真实社会关系的做法——不过在美国存在着巨大的中产阶级，他们对马克思主义分析提出了特别的难题，因为革命在美国爆发的可能性实在是太小了。

然而，大众媒介仍然发挥着功能，使人们逃离美国社会的现实(贫穷、种族主义、性别歧视等)，并且用统治阶级所希冀的观念来模糊他们的头脑。有时候大众媒介中出现的英雄反映的是资本家和资产阶级的形象，并且在书籍、电视节目和电影中对受众进行洗脑。通常说来，媒介或者掩饰阶级差别，或者为统治阶级辩护，以此避免阶级冲突，防止政治秩序发生变化。

但是，对于马克思主义者来说，阶级仍然存在，这是事实，而且阶级之间是互相敌视的关系。正如马克思所写的那样(1964)："社会整体越来越分裂成两大敌视的阵营，两大阶级相互对峙——资产阶级与无产阶级。"马克思主义者认为，这种辩证的解决方法势在必行，即便统治阶级控制媒介或资产阶级可能暂时压制无产阶级，让他们无法获得对于自身状况的真实意识，情况仍然无法避免。

法国马克思主义者亨利·勒费弗尔(Henry Lefebvre)采用阶级斗争与操纵论的观点，并将其进一步发展，提出人们生活在资本主义社会中就是生活在"恐怖"的状态中。

——〔美〕阿瑟·伯格:《媒介分析技巧》，李德刚、何玉、董洁等译，清华大学出版社 2011 年版。

第二节 跨媒体营销的特征及走向

一、跨媒体营销的特征

1. 以用户为本

通过跨媒体营销平台进行产品营销，能够根据用户的多层次需求进行平台设计，以减少不同媒体营销过程中的内容制作支出，降低编辑成本，提高媒介平台的利用率。

2. 提升媒介抗风险能力

不同媒介之间通力合作，对相应产品及企业形象进行营销，能够有效分担单一媒介的营销成本，降低单一媒介的财务及资金风险，提升其抗风险能力，使跨媒体平台的优势得到最大程度的发挥。

3. 媒介资源的综合运用

跨媒体营销还能够将不同媒体的资源进行综合运用,不论是人力资源、渠道资源还是原有的客户资源,都能够被囊括到一个大的跨媒体平台中,消费者根据自身不同的需求,进行产品选择,共享信息,传播效果被大幅度强化。而传播效率的提升及覆盖面的扩大,则有效降低了不同媒体之间协作、沟通的费用。

更为重要的是,不同媒介所具备的不同的传播效果、传播渠道也能够对产品本身进行立体化、全方位宣传,让用户从不同感官渠道对产品进行了解。

概念术语:媒体公关

媒体公关即通过协调企业或组织及媒体的需求与价值取向,使双方的利益达到最大化,尽最大可能实现企业或组织的传播目标,满足媒体信息报道的有关需求。

媒体公关的职能主要包括尽快向记者提供同媒介事件相关的信息,同时与新闻媒体保持密切关联,负责对新闻稿进行核实、发布,同时将企业或组织在事件中发现的新闻内容、时间等进行统筹记录,并收集报道存档,以备后期研究之用。

要点提示:

跨媒体营销的特征主要包括如下几个方面:一是以用户为本的平台设计及服务策略;二是不同媒介之间进行联合营销,能够提升单一媒介抵抗风险的能力;三是能够充分利用媒介资源,实现最佳营销效果。

案例分析:媒体联盟看青奥

2014 年的南京青奥会宣传,可谓是动用了最广泛、最庞大、最齐全的媒体资源,在主题为"七大媒体联盟看青奥"的大型新闻活动引领下,各类媒体对青奥会进行了宣传营销,取得了前所未有的效果。甚至有专家认为,此次跨区域、跨媒体的合作,是报业集团从区域传播向跨区域传播的重要举措。

此次活动由新华报业传媒集团发起,力图搭建一个由 14 家报纸、8 家刊物、多家网站、手机报、微博、微信、移动客户端共同建构的全媒体平台,对青奥会进行宣传直播，有组织地对青奥会进行报道，以此活动促进网络、报纸、移动客户端的全媒体融合，突破时空界限，达到资源利用的最大化，堪称媒介融合营销的经典案例。

在此次七大媒体联合报道青奥会的过程中，媒介融合的力量得到了充分的彰显，搭建了新旧媒体之间的桥梁。传统媒体与新媒体也利用各自优势，找到了今后合作的方向，同时也找到了实现媒体集团化重组战略的有效途径。

延伸阅读：

在此，回顾路易斯·哈茨(Louis Hartz)在《美国的自由主义传统》(*The Liberal Tradition in America*,1955)中的论点是有益的。脱胎于托克维尔对美国缺少封建史的观察，哈茨认为美国没有作为欧洲政治特征的意识形态分野。自由主义从来不需要与根植于封建主义的对立的保守意识形态竞逐，而到了产业工人阶级诞生时，自由主义的主导性已经足够强大，以至于社会主义运动不能兴起了。哈茨说，“社会主义的崛起为的是不仅与资本主义而且与封建主义残余战斗”，其阶级斗争的意识形态并不直接产生于经济不平等的客观现实，而是基于资产阶级与土地贵族之间的政治斗争的背景。也有这样一条道路：社会主义意识形态实际上在其中吸收了与旧制度相联系的保守主义；两者都用基于更多关于社会秩序的有机体观点的集体主义意识形态来反对自由主义的个人主义意识形态。

当然，缺少意识形态差异这一事实并不意味着美国缺少政治冲突。美国内战是19世纪全世界最血腥的战争。美国劳工史比许多欧洲国家的劳工史更为暴力。近期历史也没有什么不同：43人丧生于1967年的底特律骚乱，4人死于1968年的法国叛乱，2人丧生于1975年的葡萄牙革命。这些政治冲突根植于与种族、阶级、地区等相联系的根本利益冲突中。一般来说，美国的经济不平等甚于高福利的欧洲国家。然而，社会分野并没有体现在不同的意识形态中，或体现在围绕这些意识形态而组建的政党体制中。美国的政党体制是围绕两个包罗万象型中派政党而组建的，两党都致力于一种被认为理所当然的自由主义政治文化。用葛兰西的话说，“这种一成不变的、教条式的自由主义”——强烈的领导权性质的——是助长许多最令人困惑的美国文化现象的一个秘密根源。自由主义接受最高法院不同寻常的权力及对宪法的狂热崇拜,这也是它赖以生存的基础。除了联邦制以外,如果没有全民对最终庄严载入宪法的洛克信条(Locken Creed)的接受,那么在美国一直奏效的司法审查是不可思议的,因为将重要政策转到判决领域暗指事先承认这些原则必须经由法律解释。

——〔美〕丹尼尔·C.哈林、〔意〕保罗·曼奇尼:《比较媒介体制:媒介与政治的三种模式》,陈娟、展江等译,清华大学出版社2012年版。

二、跨媒体营销的发展趋势

经历了十几年的不断发展,新媒体在市场营销中的功能及作用已经为广大商品市场所熟知。而传统媒体只能对商品进行宣传推广的功能也不再能满足商家的需求。新媒体正以其全方位的服务与立体化的销售模式为企业商家所青睐。从前期开发、产品线上与线下营销相结合、售后服务再到品牌宣传,新媒体营销在利用传统媒体已有优势的基础上,融合了大量媒体资源,进行营销平台重组,体现了前所未有的媒体价值。

从另一角度来说,跨媒体营销不再是简单的营销手段、营销渠道的增加,而是一种对所有媒体资源、市场资源、人力资源的汇聚能力的充分体现,这将成为未来市场营销的核心力量。

对于未来的营销市场及媒介环境,新媒体在其中所扮演的角色将会越来越重要,整个信息传播的方式也将由此发生根本性的改变。消费者的潜力将伴随着媒介力量的延伸不断被开发,同样新媒体也会改变传统的产品宣传模式,让消费者成为营销信息的创作者。

跨媒体合作营销是未来营销手段的一个里程碑,更多的新媒体大平台将会被不断开发,创造出更广阔的产业价值空间。

概念术语:增值价值

增值价值是为了某种解决方案所增添的价值因素,具体包括定量增值价值和定性增值价值两个方面。

定量的增值价值是可见的、真实的，也是可以测量的增值价值，是商家在产品服务上额外提供的东西。例如免费订货电话、免费物流、免费培训计划以及免费产品维修服务等，上述内容均是客户可以度量的价值增值元素。定量增值价值是跨媒体营销过程中商家普遍采取的手段。

定性的增值价值则更具有不确定性特征，很难用具体的参数去衡量，仅仅从客户的感受需求中进行判定，以客户对产品或相关定量增值价值的好感系数来决定。

要点提示：

跨媒体营销的未来发展前景十分广阔：首先，伴随着媒介种类、媒介技术及媒介渠道的不断发展，越来越多的媒介样式将会被不断开发，融入到跨媒体营销平台阵营之中；而跨媒体营销所带来的便利及自由，也使其成为未来消费者首选的商品信息获取平台与购买路径。

案例分析：媒介融合营销的典范——英国《金融时报》的人力资源整合运用

面对巨大的媒介竞争压力，为了节约媒体运营成本，英国《金融时报》将团队的采编人员的分工进行了整合。原来的记者不仅要为报纸撰稿，同时也要为网站撰稿，两种媒体撰稿享受同等的薪酬和待遇。而以往的网站技术人员同时还需要为整个报社服务，这使得原有的报纸新闻资源得到了充分的利用，新闻生产力大幅度提升。

《金融时报》同时还采取网络与报纸捆绑销售模式，将读者与媒介内容生产者的互动关系看作工作重点，通过网站了解读者的爱好，同时将信息反馈给报纸，在一定程度上弥补了报纸单向度传播的不足。因此，《金融时报》人力资源的整合利用，是当下传统媒体与新媒体进行融合发展可以借鉴的良好举措。

延伸阅读：

长期以来，国内的媒介实际上处于一种“宣传管理”之下，对于媒介，人们所重视的是意识形态的宣传属性。但随着媒介市场化的发展，媒介的产业属性日益鲜明，而且宣传自身也必须尊重市场规律与传播规律，这就要求人们以看待产业而不仅仅是宣传工具的眼光来重新认识媒介的经营管理。正是在此背景下,需要对媒介经营管理作出全新而准确的定义。

对于媒介经营管理的定义,有广义与狭义之分。广义的媒介经营管理,是指运用媒介产业的人力、物力、财力等资源,通过领导、计划、组织、控制等行为,使产业资源(包括有形资源和无形资源)得到合理配置,发挥最大效用,从而在保证社会效益的前提下谋求最佳的经济效益。狭义的媒介经营管理也可以专指出售媒介的广告版面、时段的有关经济活动和管理运作。

对于媒介经营管理的定义,还有宏观与微观之分。宏观的媒介经营管理是国家、社会对媒介的制度、体制的规定和要求,微观的媒介经营管理则是指具体的媒介单位对自身的行政、生产、营销、财务、人事、技术、安全的管理等。

媒介作为大众传播媒介,在社会中具有独特的地位和广泛的影响力。因此,媒介的经营管理也区别于一般的企业管理,其特殊性主要表现为以下几点。

第一,媒介必须把追求社会效益放在首位。这是媒介经营管理与企业经营管理的最大区别。任何大众传播媒介都是一定意识形态的产物,它们隶属于一定的阶级、政党、集团,其经营管理者也持有各自明确的阶级立场、政治倾向和价值观。媒介是经济实体,但首先是传播实体。在西方国家,媒介是为资本主义制度服务的,它们所持的是资产阶级的立场,反映资产阶级的道德和价值观。在我国,媒介必须把党和国家的利益,以及人民的利益放在首位,成为其喉舌,完成社会主义的宣传任务。

第二,媒介管理中有一个极其重要的组成部分,即信息资源管理。在"3M"的管理范围之外,还有第四个"M",即 Message(信息)。在传播学中,信息被定义为"由一系列有序性符号组成的表达特定信息或意义的符号系统"。对任何媒介来说,信息都是其传播的内容所在,没有了信息,便没有了媒介。媒介之所以具有强大的社会影响力,正是因为它们能把大量有价值的信息传递给社会大众。此外,在人、物、财的管理中,也会涉及各种经营管理信息(Management Information),对它们的管理也是媒介经营管理中的重要内容。

第三,媒介组织的内部机构有着特殊的设置和构架。简略地说,由于媒介有宣传和经营的双重任务,因此,其内部结构也大致按这两条任务贯彻下去,并以技术部门作为播出的基础和保障。另外，还有其他相关产业作为经营渠道的补充。以某地级市的电视台机构设置为例，该电视台设有办公室、总编室、新闻中心、社教中心、文体中心、节目广告中心、节目制作中心、技术保障中心、广播电视报编辑部、微波站等十个部门，其中就囊括了内容制作部门、经营部门、技术部门和其他相关产业。

——严三九、刘怡、庄洁：《媒介经营与管理》，华中科技大学出版社 2012 年版。

第五章　跨媒体营销:发展历程及出现原因

■ **本章内容:**

跨媒体营销即融合各个种类的媒介进行产品及服务营销,使用户能够在不同媒介上找到同质的产品或服务内容,发挥多媒体的优势功能,进而使媒介的集聚效应得到良好的运用。

自媒体营销诞生以来,产品及服务的营销手段就伴随着媒介的发展而变得日益多元、复杂。从单一的媒体营销到多样化的媒体营销手段,再到媒介融合之后所带来的全新营销理念及营销行为,跨媒体营销历经一系列有规律、有步骤的演进过程,呈现出优势互补、多元融合、传播效益最大化及平台全方位开放等特征。

本章重点阐述了跨媒体营销的演变历程及在各个不同阶段所呈现出来的特征,进而更为充分、具体地对跨媒体营销这一概念进行深度解析。

第一节　从传统媒体营销到跨媒体营销的演变历程

从传统媒体营销到跨媒体营销,其演变历程主要被划分为三个阶段:一是以平面媒体及广播电视视听媒体为主要营销渠道的传统媒体营销时期;二是以新媒体营销为主的多元化媒体营销时期;三是真正意义上的媒介融合以后所出现的跨媒体营销时期。在对跨媒体营销演变历程进行梳理之前,对媒体营销自身概念的理解及界定是本节的重要论述依据。

媒体营销是媒介公司或相应机构,为了获取产品良好的传播效果,运用相应的媒介途径,进行产品宣传活动,以获得经济效益。主动与市场进行沟通并大力进行宣传,是媒体营销行为的重要特征,目的在于扩大市场占有率,推广产品及媒介公司自身的形象,尽可能广泛地获取广告客户及用户的支持。

媒体营销同传统的广告营销相比,功能更加广泛,传统广告营销是媒体营销的一个有机组成部分。也就是说,媒体营销不仅包括传统广告营销的产品宣传功能,还具有公共宣传、公共关系推广等职能。

媒体营销的对象不仅是物化了的产品本身,还包括产品理念及文化信息,以期在精神层面获取受众的支持。当受众真正从心理意愿上接受媒介信息时,就会产生购买意图,此刻,媒体营销再将受众意图转移给广告主,继而进行直接的广告宣传。

事实上,早期的平面媒体营销、广播电视视听媒体营销,均是媒体营销的组成部分,但那时还尚未产生真正意义上的广义媒体营销概念,更多的是将产品以广告的形式通过不同传统媒体展现出来。

一、经典媒体营销时期——传统媒体营销

1.平面媒体营销

伴随着市场经济的不断发展,媒介在市场营销行为中发挥着日益强大的作用。以报纸、杂志为主要构成部分的平面媒体,在商品营销过程中体现着重要的传播价值。

尽管视听媒体及21世纪以来兴起的互联媒体使平面媒体营销行为遭遇到瓶颈,甚至影响了其收入及市场占有率,但平面媒体的传统化阅读优势依然在一定时期内不可忽视。从时间历程上进行梳理,平面媒体营销经历了曲折漫长的发展道路。

在市场经济到来之际,虽然允许广告进入媒体,对相应的产品及服务进行

宣传,但对于平面媒体来说,不论是报纸、杂志还是图书,管理者及相关政府职能部门均没有形成产品意识。也就是说,在这一时期,平面媒体是传播信息、表达观点、评述主流或某一具有代表性的个体价值观念的媒介工具,侧重点在于媒介内容本身,而并非生产文化消费品的媒介企业。只要存在优秀的媒介内容,借助一定的政策及行政指令,平面媒体就能够实现赢利。

当市场经济度过了缓慢、稳定发展的过渡阶段后,在 20 世纪 90 年代,市场经济开启了真正意义上飞速发展的征程。面对市场经济带来的竞争压力,相当一部分平面媒体的性质开始由事业单位向企业转化。与此同时,人们在购买力不断增强的前提下,对产品的性能、服务水准等提出了全面的了解诉求,其了解渠道在视听媒体尚未发达、网络媒体尚未诞生的阶段,主要诉之于业已形成模式化经营的平面媒体。因此,这一时期的平面媒体营销开始注重媒体自身的产品价值及广告所带来的大量收益,从以内容为王的单一媒介经营理念向以内容为先导、以产品营销为经济支撑的经营模式转变。

广播电视和网络媒体发展及兴起之后,平面媒体的营销之路变得更为艰难,其竞争环境也更复杂多元,不仅要承受同质性传统平面媒体所带来的压力,还要面对其他传播媒介所带来的竞争。对受众进行精细化区分,创办具有自身特色的平面媒体营销模式,并充分与新媒体结合,是平面媒体普遍采用的营销方式改革。而对营销对象所采用的深度分析、报道及更高层次的产品文化属性阐释,则始终是平面媒体营销无可替代的优势。

2. 广播媒体营销

广播媒体的最大特征在于其信息接收的单纯听觉性,它将人们从视觉接收信息的过程中解放出来。尽管广播媒体并不具备全方位的视听感官功能,但依然具有较为强劲的发展势头,这一强劲的发展势头与日益增长的私家车辆密切相关。由于广播媒体只利用听觉接收信息,并不影响汽车驾驶,且具有实时伴随性,因此,备受汽车驾驶一族的青睐,广告市场价值也在不断提升。

例如,中央人民广播电台在 2010 年前的广告收入最高点是每年 3.5 亿元,到了 2010 年后,仅 2010 年“中国之声”便签下了 2 个多亿的广告合同,这同广播媒体具有针对性的媒介营销手段密不可分。

从媒介属性及媒介功能来看，广播媒体传播的产品营销内容需要同适合声音传播的栏目捆绑，具有良好传播效果的广播栏目主要集中于两个类型：

一是交通信息类。这与驾车一族收听广播的传统习惯密不可分，在相应栏目中投放声讯广告，若产品自身与驾车一族具有一定的黏性，则会获得更加丰厚的回报。

二是音乐类。这与音乐自身的听觉艺术属性密切相关，由于音乐是靠听觉来传播的，因此广播一直是音乐艺术最重要的媒介展示平台，拥有相当一部分固定、忠实的受众群体，在相应的栏目时段进行产品营销，同样会获得良好的宣传效果。

但是，广播媒体营销的声讯广告的传播效果并不能立刻显现出来，由于听觉信息传播所具有的伴随性，人们在进行广播收听行为时，很难专注于此，大多会有其他活动同时进行，因此对广播信息传播的印象往往不够深刻。另外，声音自身的不易保存性与即逝性，也使得声讯广告需要反复传播，才能在听众中形成较为稳固的产品印象。这就要求声讯广告的投放必须具备超前性和连续性，前者是为了给产品营销做好时间铺垫，在听众中形成稳固印象后，产品上市才能获得强大的购买力；后者则是要强化广告所带来的听觉印象，连续性投放广告更具有强化优势。

3. 电视媒体营销

当电视媒体营销诞生并逐渐发展起来，传统媒体营销已经初具规模，不论是以板块出现的广告营销信息还是以时段出现的广告营销信息，都已形成较为固定的媒介经营模式。电视媒体营销利用自身视听兼备的具象、生动化传播方式，将相应的时间出售给商家，播放产品广告录像，展示产品属性、功能，同时适当公布产品价格及购买方式，主题明确，贴近生活，具有一定的可信赖性，使受众产生购买意愿，达到增加销售额的目的。

电视媒体营销同广播营销一样，具有固定的目标客户群，通常以喜欢观看电视的中年女性为主，她们更容易为广告宣传内容所吸引，且具有相应的购买能力。

电视媒体营销由于其直观生动性，在对产品的性能、外观进行宣传方面具有优势,同时由于其拥有广泛的受众群体,直至今日都是最受大众青睐的媒体营销渠道。日常生活用品是最适合电视营销的产品,日用洗化、食品等都是电视营销青睐的产品。

伴随着电视媒体的频道化改革及节目内容的精准化定位,电视营销越来越被细分化。家庭购物频道的出现是电视营销专业化的拐点,通过专业化频道进行产品营销,不仅能使产品受众更具有针对性,而且有更充分的时间来全方位展示产品属性,进行专业化的产品解读。在此基础上,专业化的购物频道将不再受到电视播出时段的限制,全天候对产品进行宣传,任意时刻均可以收看。

新媒体出现之后,电视营销试图在移动性、互动性上进行功能扩展,在保留自身已有优势的基础上,将新媒体的功能与之进行融合,走媒介融合的营销之路。

概念术语:媒体营销

媒体营销是媒介公司或相应机构,为了获取产品良好的传播效果,运用相应的媒介途径,进行产品宣传活动,以获得经济效益。主动与市场进行沟通并大力进行宣传,是媒体营销行为的重要特征,目的在于扩大市场占有率,推广产品及媒介公司自身的形象,尽可能广泛地获取广告客户及用户的支持。

要点提示:

对媒体营销历史脉络进行梳理,有助于我们在了解跨媒体营销产生背景的前提下,更全面地了解跨媒体营销的本质及优势功能。在传统媒体营销时代,媒体营销行为同现代意义上的媒体营销行为有所不同,它还停留在普通广告媒体投放阶段,并没有建立宏观意义上的媒体营销概念,但却形成了一定的经营模式。现代意义上的跨媒体营销是建立在传统媒体营销基础之上的,因此充分了解传统媒体营销手段,是学习跨媒体营销手段的必要环节。

案例分析:电视购物营销优胜策略

自 2000 年以后,伴随着电视频道专业化的兴起,电视购物频道逐渐进入电视观众的视野,好记星学习机就利用这一机会扩展了销售市场,以 20 多亿的销售业绩成为同行业中的优势品牌。

好记星学习机首先利用叙事性影像营造一种迫切需要购买产品的消费氛围，例如通过对家长的采访增强了产品的真实性及可信性，对学生的采访则进一步印证了产品的功能优势。

“刚刚背下来的单词，才过了一会，又忘记了，这英语就真的这么难学吗?”“考试里面题目，好记星已经帮我复习好多遍了”“用好记星来学习英语，真是太容易了”均是好记星经典的广告宣传词。

随后，新版背背佳也及时采用了电视购物营销的方法，成功提升了销售业绩，在销售高峰时，日销售额就多达万套。对孩子使用背背佳后能够保持挺拔身姿及预防近视的功能进行大力宣传，是背背佳电视购物营销的策略，而上述两个功能优势甚至可能影响孩子未来的发展前途，因此，背背佳一度成为青少年必备产品。

电视购物之所以能够快速占领消费市场，主要在于它同常规电视营销相比，具有拍摄成本低廉、传播迅速的优势。也就是说，电视购物只需根据策划理念，拍摄出简单的购物片即可，片子的质量及要求远远达不到真正意义上广告作品的水准；而与此同时，一个省级电视购物频道播出的产品广告，可以迅速蔓延至全国同级别购物频道。

更为重要的是，电视购物的时长同传统电视广告相比，具有相当大的弹性优势，基本不受播放时段的限制，产品的价格优势、功能优势、效果优势能够通过电视购物节目充分展示出来，且有足够的时间说服受众，通过电话直接购买，省去了中间商的销售环节，强调了其性价比之高。

延伸阅读：

中国媒体和广告市场的变局，除了受制于宏观经济的大环境，也跟各自市场格局中不同角色的力量博弈演进有相当大的关系，而且这两者之间有竞争也有融合。

从发展情况来看，中国媒体和广告市场正呈现出一些新的特点。消费环境趋于碎片化，原来向心力很强、规模很大的市场现在处于分离与破碎的状态；原来趋同的、集中性的消费行为处于离散状态;媒体的种类越来越多,终端多样化、业务融合化;新旧媒体的冲突与融合正在显现,媒介中酝酿的广告资源和对其广告价值评估的方式方法也在发生变化。这些变化表现为,广告主营销费用的支出集中在广告、公关和促销等领域,而且随着广告主用于促销、事件营销上的费用比例不断加大,对媒介的使用出现了多元化的倾向。

随着市场环境和传播环境的变化,广告主对广告公司和媒体机构的要求也随之发生了改变。广告主不仅要求广告公司和媒体机构为其提供广告业务,还希望能为其提供整合营销传播服务或其中的某些服务,如公关、终端促销、网络营销等。广告主也在思考如何更好更有效地利用媒体,如何将现有的媒体合理拼盘,合理地进行媒体的策划和营销,最终做成一道美味的“菜肴”。

媒体策划是广告活动重要的构成部分,要求在媒体特性、媒体分析、媒体评估、媒体策略,如时间安排、广告费分配和其他方面均做出有创意的决策。除了对可用媒体资源有深入的了解和专业评估外,出色的媒体策划人还应该是集营销、广告、调研和财务等知识为一身的战略专家。而媒体营销是媒体广告经营的重要组成部分,要求对媒体所能提供的广告资源和其他经营性资源,通过策略性的规划、推广,销售给代理公司或者广告主。

——黄升民、周艳、赵子忠:《媒体策划与营销》,高等教育出版社 2009 年版。

二、多元媒介营销时期——新媒体营销

新媒体营销主要指利用网络技术的优势将营销模式融入其中,以实现最大销售业绩的媒介营销手段。它的兴起同日益发达的网络技术密不可分,网络技术的进步不仅带来了全新的营销手段,营销思维也随之发生了巨大的变化。新媒体营销的优势不仅包括受众对产品的深度体验性、买卖商家的沟通便利性、产品实时对比的差异透明化,还影响了产品在媒体中的呈现方式,使其不再局限于文字、图片或视听的某种单一方法,而是力图向多元化模式发展。以交流互动为主的博客、以阅读为主的网络杂志、以收听观看为主的网络视频,都是新媒体营销的主要手段。新媒体营销的最大特征是受众的广泛参与性,受众深度参与到营销活动中,不论是利用网络社区平台所展开的话题讨论,还是对产品

展示视频的反馈，都能够扩大产品的影响范围。

通过互动与参与，消费者对产品产生了心理上的依赖与认同，这是营销手段中的软性渗透策略。按照时间顺序，新媒体营销大致可以划分为传统 PC 互联营销时代与移动互联营销时代。

1. 传统网络营销时代——PC 互联

PC 互联俗称因特网，即国际互联网的通称，是由使用公共语言相互通信的计算机连接而成的全球网络。PC 互联是网络发展初期的呈现方式，至今仍然具有十分广泛的用户群体以及具有潜力的市场前景。同当下迅猛发展的移动互联相比，PC 互联的终端体现出不可便携的非移动特性。

20 世纪 90 年代，PC 互联营销诞生，它一改传统媒体的营销方法，以全新的方式、理念来对产品及服务进行互动营销，通过具有媒介针对性的策划，制订和实施活动，更为便捷、有效、迅速地实现规模化产品销售。从互联网介入营销以后，营销更多地体现为一种文化及理念，而不单单是一种广告宣传手段，体现出从策划伊始就具备的前瞻性、数据性、科学性以及立体性。

在 PC 互联时代被广泛应用的营销方式主要包括如下几种类型：

(1)电子邮件营销

利用电子邮件进行相应的产品及服务营销，一直是某些商家惯常使用的方法，教育咨询、旅游信息以及一些具有针对性产品的购买信息，均可以通过邮件的方式发送给指定客户，以取得客户的信赖。

(2)论坛营销

利用 BBS 营销则是早期 PC 网络营销的另一主要渠道。在论坛上留下和产品相关的链接，能够获取相当数量的 IP，但到了移动互联时代，这一营销方式的用户数量在逐渐减少，为更具时效性的通讯营销手段所替代。

(3)博客营销

同 BBS 具有相似性的营销手段还包括博客营销，不论是商家自己设立的企业博客，还是个人博客，都能够通过图文与受众进行互动，评论、随感和技术阐释都能够成为扩大产品及服务影响力的武器。

而搜索引擎营销、视频营销、微博营销则在 PC 互联和移动互联时代同时并存。这几种营销方式将在下文进行论述。

2. 移动媒体营销时代——移动互联

信息技术的发展带来了媒介终端的革命性变化,移动互联凭借其诸多技术、功能优势,成为继 PC 互联之后新媒体的另一股新生力量,尤其在营销领域,更是颇具潜力。移动互联在产品或服务营销领域中的优势主要体现为对个性的高度重视,将所针对用户的体验视为营销制胜的法宝,同时针对用户的不同需求来制定不同的策略。

这一优势的实现主要在于媒介终端具有便携可移动性。用户每人都拥有一个终端设备,充分实现了移动终端的私有化。同时,移动终端设备还具有使用高频性,它不受时间及空间的限制,只要存在网络覆盖,移动互联终端上的信息就能够被实时读取。更为重要的是,移动互联在真正意义上成为数字化智能管理的移动平台,通过云计算与统计,将与营销相关的数据进行科学划分与分析,使营销更有效率、更加人性化。

在移动互联时代兴起并广泛应用的营销手段主要包括具有实时通讯功能的微信营销、电商营销及以支付宝为主要范例的金融营销、具有移动定位功能的日常生活娱乐手段营销几大类型。

(1)微信营销

微信营销有赖于移动社交平台的不断发展。移动社交平台将传统 PC 端社交工具上升为实时通讯工具,使其具有伴随性,最成功的案例当属腾讯开发的微信。微信中的企业公众号或某些个人公众号,成为利用移动社交平台进行营销的经典举措,通过朋友圈发布信息,推广产品,从而展开点对点的营销。而 2015 年春节出现的微信摇一摇获得商品优惠的营销方式,使微信营销功能向更多元化的方向扩展。今日,微信已成为具有移动终端设备人群的生活必需品,它的功能远不止于单纯的社交工具。

(2)移动电商与移动支付

移动电商则直接进行产品宣传及产品销售,人们通过移动终端,下载相应的电商 App,了解商品性能,与同类商品进行比较、浏览,并实时完成购买行为。移动电商促生了移动支付行为,当移动支付获得功能化扩展后,金融营销成为其主要业务模式。

(3)地图定位

移动互联的优越性更突出地体现在其自身所具备的移动定位功能上，当受众对实时定位信息的需求增加时，这一功能便在营销领域被广泛使用。通过移动设备终端锁定具体位置，便能获得周边的餐饮、娱乐、交通等信息，再同实体商家进行关联，就完成了移动线上与线下营销的有效整合。

3.从 PC 互联到移动互联

搜索引擎营销、微博营销以及视频营销则属于诞生于 PC 互联时代，在移动互联时代升级发展的营销模式。

(1)搜索引擎营销

在 PC 时代，搜索引擎营销主要是通过优化网站的架构、网站内容、具有价值的网站外部链接，使相应的网络内容在搜索的过程中获得优势排名，为该网站带来流量。这一时期的搜索引擎营销尽管具备一定的辐射功能，但营销品牌或品种是单一的、单向度的，只能根据一个链接到达下一个链接，无法实现大面积信息辐射。

到了移动互联时代，搜索引擎营销则因为拥有了定位功能而变得更加多元、立体、全面。例如，在百度客户端上通过直达账号输入地理位置，可使地理信息、周边的生活信息一一呈现出来，方便了人们的日常生活，也使得线下商家能够有效地将信息整合到移动平台上，提升关注度，增加营业额。

(2)微博营销

微博营销即商家和个人通过微博这一平台，将相应的产品、服务发布出去，以获取大量粉丝的关注，促使其产生消费行为。这一营销方式产生于 PC 互联时代后期，进而通过移动 App 平台进行功能扩展。与博客、论坛相比，微博营销使用更加便捷，营销手段更加丰富、多元，具有高度的用户黏性。

也就是说，每一个账号的粉丝都可能成为潜在的营销对象，只要每天更新内容，就能或多或少达到营销的目的。其系统的布局、有效的互动以及较为准确的定位，使微博营销从传统 PC 互联时代进入移动互联时代，在媒介营销领域具有举足轻重的地位。

(3)视频营销

将具有创意的产品内容植入到视频短片之中,是视频营销的途径。从PC互联到移动互联,视频营销一直稳步向前发展。视频本身所具有的声画结合特性,使其能够对产品进行详细的功能描述与外观展示,因此,不论终端是否具有可移动性,都容易被互联网用户所接受。

同传统PC互联相比,移动互联上的视频最大的好处在于观看的自由性,人们能够随时利用零散的时间进行产品观摩,这一特性使2012年手机视频的使用率超过了40%。

此外,覆盖率不断增长的WiFi也为移动视频的发展奠定了坚实的技术基础。

概念术语:新媒体营销

新媒体营销主要指利用网络技术的优势将营销模式植入其中,以获得最佳销售业绩的媒介营销手段。它的兴起同日益发达的网络技术密不可分,网络技术的进步不仅带来全新的营销手段,营销思维也随之发生了巨大的变化。新媒体营销的优势不仅包括受众对产品的深度体验性、买卖双方沟通的便利性、产品实时对比的差异透明化,还影响了产品在媒体中的呈现方式,使其不再局限于文字、图片或视听中的某种单一方法,而是力图向多元化模式发展。

要点提示:

新媒体营销主要分为传统PC互联营销及移动互联营销两个阶段。在PC互联时期,电子邮件营销、论坛营销及博客营销是其主要营销手段;到了移动互联时期,微信营销、电商直接营销、以支付宝为主要范例的金融营销、具有移动定位功能的日常生活娱乐手段营销是其主要手段。

而搜索引擎、微博及视频营销则从PC互联时代发展至移动互联时代,进行了功能上的扩展延伸。

案例分析:万达影院微信营销成功案例

原本作为传统行业的电影院的营销方式主要采取的是现场出售电影票或

代理售票点出售电影票的传统模式，互联网时代到来之后，电影院也采取了网络订票的传统PC营销方法，万达则领先于其他影院，率先在移动互联时代到来之际，运用微信社交平台，实现了快捷购票等多功能自助服务。

首先，万达影城开设了微信公众号，广泛进行品牌宣传，使关注群体一步步扩大，网罗了可观的微信用户。

其次，万达影城在公众号模块设置上，实现了多功能自助服务，包括在线选座、在线选择公映影片、在线选择未来将要上映的影片、服务评价、影评论坛等。广大受众只需一部手机，就能够实时订票，无须担心排队、座位不好、电影票已售罄等问题。

最后，影院还通过微信公众号进行一些针对用户会员的互动，提供优惠票价、与影片主创人员交流、看电影送饮料爆米花等是其主要采取的方法。而对于尚未成为会员、没有关注微信公众号的用户，万达影院则在电影票上印制二维码，用户可以随时扫码，随时加入用户群。

上述微信营销方法使万达影院很快从同类商家中脱颖而出，销售量达到日均8000人次，成为移动互联营销的受益者。

延伸阅读：

星巴克的自然醒微信互动，让我们看到了一种全新的老客户关系维护渠道。星巴克于2012年8月28日正式推出官方微信公众账号，为广大微信用户和星巴克粉丝创建一种全新的人际互动和交往方式。

星巴克企业发展战略向来注重数字媒体与社交媒体，星巴克一直走在科技与时尚的前沿，身体力行，打造新鲜时尚空间。星巴克官方微信平台就是企业数字化战略中重要而坚实的一步。

登录微信，关注星巴克，即可与之展开一场内容丰富的互动对话。工作繁忙、身心疲惫，需要随时随地Refresh一下？只需发送一个表情符号，星巴克将即时回复你的心情，让你即刻享有星巴克《自然醒》音乐专辑，获得专为你心情调配的曲目，感受自然醒的超能力，和星巴克一同点燃生活的热情和灵感。同时，你还可以试试自己的运气，摇一摇手机，也许就能摇到“星巴克中国”微信账号，亦能开展一段冰摇沁爽之旅。

冰一冰你的脑袋，总有一款沁爽适合你。2012年8月28日至9月20日，星巴克同时推出由星巴克冰摇果莓沁爽和星巴克冰摇青柠沁爽两款饮品组成的冰摇沁爽系列。看得见的大颗黑莓、整片柠檬和尝不出却喝得到的咖啡因，让你的每一天都充满活力、醒目夺人，给你前所未有的清爽感觉和革命性的咖啡品尝新体验。

一直以来，星巴克致力于提供最优质的咖啡和服务，营造独特的星巴克体验，将遍布全球各地的星巴克门店打造成家和办公室之外最为宜居的生活空间。在星巴克看来，微信代表着一种生活方式，不但为人们提供丰富的聊天模式，更拉近了人和人之间的距离，让新时代的社交变得更自由。星巴克微信公众账号是秉承星巴克“连接彼此”企业文化内涵、促进人们真诚交流，并随时随地带来美好生活新体验和“星”乐趣的最好方式。

目前许多商家已经开始利用微信维持和老客户之间的关系。国内许多星巴克的收银台都有显著的微信二维码，用户掏出手机用微信扫描上面的二维码就可以在微信上关注星巴克的账号。星巴克会不时向其忠实客户推送一些信息，如星巴克即将在圣诞节推出一种新的咖啡，或者星巴克咖啡幕后的制作故事等。到了假日促销季，这种推送会相当有效，商家可以向其忠实客户推送促销活动信息，而且微信是一种成本很低的推广方式。

——王易：《微信营销与运营：策略、方法、技巧与实践》，机械工业出版社2013年版。

第二节　跨媒体营销出现原因及营销平台的建立模式

一、跨媒体营销出现的原因

跨媒体营销行为主要通过两个层面产生：一是产品营销信息在不同种类媒体之间进行流动；二是不同媒体之间进行某种形式上的合作，以扩大某一产品的营销力度。其目的在于利用不同媒体的优势，建立一种资源共享的赢利模式。在此基础上，跨媒体营销出现的原因主要体现在如下几个方面。

1.跨媒体营销是媒介市场不断发展的必然结果

跨媒体营销行为的出现，与不断发展、繁荣、多样化的媒介市场密不可分，只有存在不同种类的媒介平台，跨媒体营销才成为可能。

多种多样的媒介的出现，带来了多元化的受众群体，使跨媒体营销具备了坚实的社会基础。到了当下的数字信息时代，广大受众的信息诉求更加强烈，希望通过多渠道来获取信息，于是，跨媒体营销便有了需求动力。

2.跨媒体营销离不开技术的支持与保障

媒介技术的发达使跨媒体营销有了物理依托，在此基础上，媒介之间的共通与建构成为可能。同一信息能够快速从一种媒介分享至另一种媒介，同样离不开网络技术的支撑，这使得跨媒体营销在智能终端的基础上更为快速、便捷。

3. 多种媒介自身发展的需要

在多元化媒介发达的今天，传统媒体面临着新媒体所带来的竞争压力，必须突破生存瓶颈，探寻更有效的媒介生存道路。只有不断与新媒体融合，充分利用新媒体的优势，传统媒体才有可能在电子信息化社会中具有竞争优势；与此同时，新媒体也需要利用传统媒体坚实的业务基础及社会信誉度，拓宽自身业务领域，以获取更广泛的受众关注。

例如，手机报就是传统媒体与新媒体之间进行融合的一种典型形式，而对于广播电视所报道的时政新闻，网络媒体也会同时以文字或视频的方式展示。

4.跨媒体营销具有横向或纵向的链条纽带连接性

在跨媒体营销中，媒介与媒介之间形成了横向或纵向连接的关系链条。这种连接方式或者由一种媒介延伸到另一种媒介，或者通过营销对象建立用户关联，连接对象之间通常是彼此信任的，以此来体现社会化媒介融合的优势与力度。

而媒介之间连接的结果主要体现为媒介间的界限不再分明，各类媒介在同一平台上表现为大众性受众、综合化功能。

5.跨媒体营销能够网罗最广泛的受众，从而满足受众需求

由于跨媒体营销充分调动了多种媒介融合后的优势资源，因而各类媒介已

有的受众群体便被纳入到媒介营销环境之中;与此同时,融合后的媒介资源具备了原有单一媒介类型所不具备的融合功能优势,多渠道满足了不同受众的多元化喜好,因此具备了最广泛的媒介受众覆盖面,使营销业绩在媒介资源的推动下得到提升。

6.跨媒体营销能够最大化地利用媒介资源

将多种传播媒介进行融合,是跨媒体营销的基本前提,这使得各类媒介中的优势资源能够在媒介融合过程中得到充分利用,综合发挥媒介资源的最大效率。在进行跨媒体营销的过程中,同产品相关的营销信息及产品功能信息并不单单通过一种媒介进行传播,而是充分利用文字、图片、影像、声音等各种方式进行全方位传播,提高了营销对象的信息传播效率,同时也降低了传播成本。对营销对象全方位的展现不再需要针对不同媒介进行多次不同表现形式的媒介内容呈现,多元化的展现形式使媒介产品的制作几乎是一次性完成的。

7.减小媒介自身的抗风险压力

利用单一媒介进行产品营销时,一旦媒介在传播过程中出现问题,不论是媒介内容自身,还是传播链条受阻,营销业绩都会受到影响,从而影响产品赢利。而跨媒体营销融合了不同媒介,多渠道营销通路被打开,共同承担媒介抗风险的压力,降低了单一媒介抗风险的压力,同时让营销业绩有了保障。

概念术语:跨媒体营销

所谓跨媒体营销,是指营销信息在不同媒体之间传播与互动,从而达到充分利用不同媒介资源优势,获取最佳营销业绩的目的。跨媒体营销至少包含两个层面的含义:

第一,跨媒体营销是营销对象的相关信息在不同媒体之间进行交叉传播与整合。

第二,针对同一传播对象,不同媒体利用自身优势功能,进行营销业务上的合作、互动与协调。

要点提示：

对跨媒体营销特征进行全方位了解，有助于深度剖析当下跨媒体营销的模式，同时科学预测跨媒体营销未来发展的方向。跨媒体营销所呈现出的特征主要包括与不断发展的媒介市场密切关联、有发达的技术体系支撑、适应媒介自身成长趋势的需求、具有横向或纵向的纽带连接性、充分满足受众需求、充分利用媒介资源、降低媒介抗风险压力等几个方面。

案例分析：平安保险跨媒体营销案例

为了扩大市场占有额，平安保险充分利用当下媒介多元化的发展趋势，进行了一次较为成功的跨媒体营销尝试。

将电视广告与百度搜索框进行结合，是平安保险跨媒体营销的基本手法，具体方式是将平安保险的电视广告片中植入百度的搜索框，以打破传统电视在固定时段播放广告的限制。因为广告片中的互联网搜索并不存在时间的局限，这样，电视画面就将相应的信息转到了具有时空自由性的网络搜索上，为平安保险增加了无限的营销机会。

一旦受众为电视宣传片中的百度搜索画面所吸引，从而进行关于"平安保险"的词条搜索，网络营销的环境就此打开，平安保险就能够利用这样的机会进行更深入的营销推广。

这种营销方式甚至使受众的消费行为出现了根本性的转变。在通过电视广告片进行营销时，对平安保险有购买意愿的受众仍然采取传统的购买方法完成交易；一旦转入互联网，则网上支付、网上购买保险成为可能，交易行为由线下向线上转移。

另外，平安保险电视广告中一直强调"平安一账通"的概念，尽管对普通消费者来说，这一概念比较陌生，然而，对理财、投资、保险有兴趣的消费者则非常容易接受这一概念，从而培养了全新的搜索及消费理念。

在上述跨媒体营销行为发生后，平安一账通的搜索比例大幅度提升。百度同传统电视广告的结合，使不同媒介之间形成优势互补，强强联合，既弥补了电视广告信息不易保存的缺憾，也使得网络这一新媒体的权威性通过主流电视媒体得到了证实。

平安保险的跨媒体营销方法还完成了对潜在用户的成功发掘,通过将忠实的电视观众的注意力引向网络,培养了电视广告受众使用网络搜索了解产品信息的习惯。

更为重要的是,百度搜索同中国平安电视广告的跨媒体营销合作,将中国平安的产品和品牌进行了深度传播,百度也间接成为电视广告宣传的对象;而百度搜索框中,一旦出现同中国平安相关的关键词,也会相应出现这一品牌的电视广告片,实现了电视、网络、中国平安品牌“三赢”的有利局面。

延伸阅读:

根据著名传播学者马歇尔·麦克卢汉的理论,每一种媒介在传播信息的同时,都会把自己作为信息强加给世界。由于跨媒体传播带有综合性和多媒体的特点,因此,其内涵和外延是相互融合、动态平衡的一个较模糊的概念,它们之间并不存在一个清晰的边界。跨媒体传播是视觉设计学、计算机图形图像学和媒体技术相互交叉的学科,同时也具有大众文化和社会服务的属性。

跨媒体传播中,各媒介元素的综合使用要充分考虑受众的媒介使用习惯和阅读需求。一般说来,不同媒介传递的信息包括文字、图片、音频、视频、动画等形式。不同形式的综合运用力求实现传递信息的一致性,相互配合但互不干扰。

文字作为语言的书写符号系统,可以携带大量信息,传递复杂思想,并且在表意上清晰明确。因此,文字是媒体对外传播信息的主要载体。但是,文字直观性差,对于画面和现场的描述,往往不及图片功用的十分之一。

在一般的平面媒介内容当中,文字通常扮演主要角色。文字的大小、形状和颜色的变化,往往可以影响读者的阅读经历。例如,在报纸的版面中,标题和文字的字形、字号往往不同,标题一般字号较大,且加黑加粗,起强调作用,以吸引读者注意。头条新闻的标题与其他新闻的标题相比,也会更加显眼。而在网页设计中,需要强调的内容通常还使用突出的颜色来吸引眼球。

图片的信息要素主要由图像的构图、用光、色彩、趣味、情感和文字说明等组成,如果将这些要素整合并集中统一在媒介内容之下,版面的信息量将加大,内容的张力也将延伸。

图片在媒介内容的视觉呈现中，通常起到将抽象内容形象化的作用，有时以文字辅助者的地位出现，有时则充当独立叙事者的角色。由于图片具有强于文字的视觉冲击感，容易形成整个版面的视觉重心，因此，图片的布局对于促进阅读和版面美化具有重要意义。

对于纯粹的图片版面来说，由于版面的容量限度，任何一个图片故事只能截取表现故事内容的关键性画面和极具代表性的瞬间组合来反映主题。基于摄影“瞬间”的信息特征，我们在编辑版面的时候应着重考虑对内容图像信息的重新整合，以简洁、明快、清晰的形式来激活版面。一般来说，主打图片的大小直接影响到整个版面的效果，但并不是所有的图片放大都是有效的，只有那些图片信息要素齐全的图片放大才能真正起到视觉效果。

——赵云泽主编:《跨媒体传播基础教程》，中国人民大学出版社 2011 年版。

二、跨媒体营销平台的建立

跨媒体营销平台中包含着不同的媒介资源，以报刊为主的平面媒体，以广播、电视为主的视听媒体，以互联网为主的移动媒体均属于跨媒体营销平台中的媒介资源。需要说明的是，这几种媒介资源并不一定同时存在，只要具备两种类型的媒介资源，跨媒体营销平台就具备搭建的基础。跨媒体营销平台容纳媒体数量的多少，仅仅能够说明其规模，而不能说明其性质。

在跨媒体营销平台中，各类媒介资源需要充分整合，实现资源共享，这是跨媒体营销平台存在的意义。

1. 控制成本

跨媒体营销平台必须建立在有效控制成本的基础之上，只有平台成本降低，信息生产的高成本才能够在平台上进行低成本的复制，从而拓展平台信息利润空间。在营销活动中，一旦信息被复制成不同的形式在跨媒体平台上出现，其扩散力度是非常可观的，一次性制造的高成本信息被信息复制行为所分散，再由低成本平台进行传播，赢利便实现了最大化。

2. 有效信息的充分利用

跨媒体营销平台的建立目的在于充分利用有效信息。同样的信息内容,可以用不同的形式在跨媒体平台上进行多渠道呈现,使信息传播达到高效水准。

3. 最大限度地进行平台广告投放

跨媒体平台由于聚集了众多媒体资源,因此对于广告商来说,是最佳的广告投放空间。在为广告商提供服务的同时,跨媒体平台能够获取相应的经济收益。但在多种媒介平台上投放广告,很容易出现广告重复投放的现象,引发受众欣赏倦怠情绪,影响广告投放的效果。

将各个媒介中的广告投放信息进行实时共享,是解决上述问题的最佳方法。在信息充分、透明的前提下,广告商可以制订较为科学、理智的广告投放计划,提高广告投放效果,使跨媒体平台的广告投放优势充分发挥出来。

4. 加大跨媒体平台营销理念的革新

跨媒体营销平台建立之初,存在两大误区:一是将跨媒体营销平台视为不同媒体之间的简单相加,没有做到媒介优势的充分融合;二是传统媒体观念束缚下的媒介员工还无法适应新媒体的营销模式,无法做到真正意义上的资源共享,全方位、全能的媒体营销人员还需要在革新理念的基础上进行全媒体业务培训。只有这样,才能够实现单一媒介平台向跨媒体平台的转变。

5. 跨媒体营销平台的建立需要科学的管理方法

跨媒体营销平台的建立有赖于全面开放的媒介市场环境,面对复杂的媒介市场环境,竞争管理机制必须有效建立起来,对从业人员进行业务培训、营销技能培训至关重要。

概念术语:社会化媒体管理平台

社会化媒体管理平台面向各类产品企业、品牌、媒体、代理机构以及政府、事业单位,协助上述机构使用社会化媒体,了解社会化媒体的动态,与微众进行实时互动。也就是说,社会化媒体管理平台是由微商提供的社会化商业解决方案,在该方案的协助下,诸多机构在社会化商业初期,便完成了品牌或形象的塑造，扩大了品牌的影响力，适当做好危机公关，提高了对客户的重视程度，进而适应了社会化商业环境。社会化媒体管理平台基于SAAS(软件即服务)的应用模式，采用国内领先的数据深度挖掘技术和人工智能语义分析技术。

社会化媒体管理平台能够对信息进行实时监控，与受众进行充分互动，操作简单便捷，能够协助相关机构完成声誉测评、危机监控、竞争检测、关系维护、社会化媒体账号整合等工作。

要点提示：

跨媒体平台中包含着不同的媒介资源，以报刊为主的平面媒体，以广播、电视为主的视听媒体，以互联网为主的移动媒体均属于跨媒体营销平台中的媒介资源。

在跨媒体平台中，各类资源需要进行充分整合，资源共享是跨媒体平台存在的意义，具体包括控制成本、充分利用有效信息、最大限度地进行平台广告投放、革新跨媒体平台营销理念及建立科学的管理方法等方面。

案例分析：传统媒体的跨媒体经营之路

在传统媒体进行跨媒体经营的案例中，较为典型的是中国国际广播电台所开通的国际在线网站。该网站提供电台播出的新闻内容及相关的信息。国际在线网站由于成立早，且在同行业中颇有权威性，因此被国家作为新闻网站重点对象来扶持。该网站以在线实时收听新闻和自由点播新闻为主要信息传播方式，同时播出多种语言的广播节目，以此扩充网站内容，加大网站节目的含金量。

电视同网络媒体进行跨媒体经营的范例当属湖南卫视。首先，湖南卫视积极扩展合作圈，同地方卫视进行通力合作，提高影响力度。湖南卫视以选秀节目为突破口，在各大城市设立分赛区，并在此基础上，充分利用网络资源、新媒体资源，与受众互动，使节目的影响力越来越大。芒果台的开播是湖南卫视尝试电视与网络媒体融合经营的举措，通过积极进行网络营销，同时设立公众账号、论坛，以产生新的媒介受众群体。在移动媒体兴起以后，芒果台客户端的开发使得湖南卫视又增加了节目传播渠道，拓展了节目的传播空间，使其成为同级别地方卫视中的佼佼者。

成都传媒集团则整合了成都日报报业集团和广播电视台,除原有的两家机构的项目还继续经营以外,以网络为主的新媒体成为其跨媒体营销的重要一环。新媒体不仅充分利用了原有的媒介资源,还对传统媒体起到了带动作用。原有的媒介机构打破界限,将所有媒介资源汇总至信息中心,经筛选后发布至合适的平台上,实现了信息资源的整合。

此外,"第一财经"也通过跨媒体经营创立了自己的专业财经资讯平台,包括平面媒体、广播电台和电视台、专业网站,均在同一信息源的统合下提供财经信息,形成了有秩序的内容生产链条。首先,电视栏目《第一财经资讯》为观众提供财经信息,同时启动广播频道;其次,平面媒体《第一财经日报》将视听财经信息文字化,形成日报新闻;最后,网络媒体再将上述内容进行较为灵活的整合,做成网络专题。最终,在"第一财经"整体品牌效应的聚合下,不同种类的媒介形成了综合的跨媒体营销平台。

延伸阅读:

我们知道,媒体是信息的载体,是感知、表达、存储和传输信息的手段。为了避免歧义,国际电信联盟将媒体细分为感觉媒体、表示媒体、显示媒体、存储媒体、传输媒体和信息交换媒体等不同的类型。

我们可进一步了解计算机系统与六种媒体的关系:发送端的感觉媒体通过计算机的输入设备(显示媒体)转化为表示媒体;表示媒体均可通过计算机的中央处理器进行处理,可以通过计算机的存储设备(存储媒体)加以存储,也可以通过传输媒体进行传输;最后通过输出设备(显示媒体)转化为接收端的感觉媒体。可见,这种媒体分类有着内在的逻辑性,对计算机技术和网络通信技术有着天然的依赖性。实践表明,始于20世纪90年代中期的媒体分类对推动信息传播技术发展作用显著。依据这样的分类,我们可以根据不同的传播任务,设定不同的媒体种类和品质级别;我们可以使用单一媒体完成不同的传播任务,也可以用多种媒体完成同一个传播任务,甚至用多种媒体完成多个传播任务;进一步看,依据这样的媒体分类,技术专家们须提供数字媒体应用的标准框架和技术流程。

那么，数字媒体又该如何界定呢？数字媒体是采用数字化的方式，通过计算机（或类似设备）产生、获取、记录、处理和传播的信息载体。简单地讲，这个定义包括“数字”和“媒体”两个关键点。

“数字”的实际含义是“数字化”，指采用统一的二进制代码的数字化形式来表示信息，文本、图像、音频、视频、动画等信息最终都是由二进制的0和1编码组成；二进制中每个0或1就是一个比特（bit），此时，比特是最小的信息单位。

“媒体”作为信息的载体，根据国际电信联盟的分类，数字媒体有两个方面的含义。一是指以比特形式加以编码的表示媒体。二是用于处理比特形式编码信息的显示媒体、存储媒体、传输媒体和信息交换媒体的统称。数字媒体就是与计算机相关的设备，包括数码照相机、数字摄像机、智能手机、录音笔等。

实际上，“数字媒体”（Digital Media）这个概念是从1994年起引起关注的。国际通信学会（International Institute of Communications，IIC）于当年4月召开了第一次“数字媒体论坛”，探讨地面电视广播技术如何进入未来的数字媒体业，当时就有专家指出，“我们确实应该把注意力集中在市场和它们的发展上。如果有了市场，才会有技术”。翌年，日本当时最大的信息业务公司CSK、IBM（日本）、三菱和世嘉等公司联手创建了“数字媒体研究所”，致力于三维交互式影片、电视广播和电视游戏的开发。随后，数字媒体逐渐取代“多媒体”（multimedia）、“电子媒体”（electronic media）、“交互式媒体”（interactive media）的说法，出现了“数字媒体技术”“数字媒体艺术”“数字媒体系统”等研究、教育和应用领域。

2000年，我国专家提出要“迎接数字媒体的挑战”，指出“媒体内容的创建和发布正在经历一场剧烈的变革。数字科技使媒体的创建、传播，以及给人们带来的冲击都具有前所未有的速度与灵活性”，并认为“数字媒体的运用和与之相关的应用在多种渠道中呈指数增长，其中包括Internet出版、数字光纤、数字广播和IP卫星”。

数字媒体具有离散性、融合性和连通性，这是我们探讨数字媒体运营的出发点。

——周荣庭：《融合文化：运营数字媒体》，科学出版社2012年版。

第六章　跨媒体营销:设计及手段

本章内容:

本章主要探讨跨媒体营销在传媒产业日益发达、传媒市场日益完善、媒介商品日益多样化的当下,究竟应采取何种设计思维方式及手段来进行产品或服务的营销。

跨媒体营销的设计及手段与不同媒介之间的融合模式密不可分,媒介作为跨媒体营销的重要平台,利用自身所具备的优势,以及媒介环境中的内部与外部资源,结合业已成熟的市场多渠道、多种类经营手段,面向受众传递商品信息,同时达到与受众群体建立稳定、长久关系的目的,使营销行为获得最大的收益。

跨媒体营销的设计思路及手段具有渠道复杂性、形式多元化、手段综合化等特点,在此基础上,本章首先对跨媒体营销环境中的市场进行分析和识别,进而总结跨媒体营销的方法,探寻跨媒体营销未来发展的方向及趋势。

第一节　分析和识别市场

一、媒介环境中的市场及其类型

媒介环境中的消费市场,同传统消费市场相比,具有“组织消费”的“中转站”特性。媒介市场是伴随着媒介组织的诞生而出现的，也是市场经济发展过程中产生的新概念。常规意义上的媒介市场被定义为媒介买卖的地方，媒介不再仅仅是传播信息的平台工具，而是一种具有商品属性的买卖物，这种买卖物的使用价值主要体现于精神领域。

媒介市场在诞生之初，并没有形成统一经营管理的科学模式，一度出现责权不分、主体功能繁杂混乱等局面。在相关部门对媒体进行经营体制改革以后，媒体开始了企业化经营之路，在政府的宏观调控下进行具有一定自主权的经营，但并不参与真正意义上的市场竞争，依然有相关政策对其进行保护。

伴随着市场经济的进一步发展，媒体也面临着外部环境的竞争压力，使其必须在开放的市场环境中探寻自身的发展道路，因此，政府逐渐放松对媒体的管制，让媒体充分参与公平竞争，成为市场中的行为主体。不论是电视台、电台，还是新兴的网络媒体，媒介组织都在试图通过自身的营销手段来获取相应收入。在这一过程中，媒介营销所体现出的市场行为，就是媒介市场。

对现代媒介市场的类型进行划分，主要有两个依据：一是按照媒介市场购买主体进行划分，据此媒介市场被划分为个体消费市场与群体消费市场；二是根据媒介组织所经营的产品特点进行划分，在此基础上，媒介市场被划分为信息传播市场和传统广告宣传市场。

1.依照市场购买主体划分媒介市场

依照市场购买主体的不同，可将媒介市场划分为个体消费市场及群体消费市场。通常来讲，媒介消费者以个体身份出现，因自身的生理差异、经济收入差异、文化差异等形成不同的消费方式。

(1)个体媒介消费者

对于个体媒介消费者来说，媒介市场中的营销活动都可能刺激媒介消费者的购买行为及购买意愿，媒介产品的属性、产品的定价、产品的促销方法、产品的销售渠道，都能够对个体媒介消费者产生深远影响。

(2)群体媒介消费者

群体性媒介消费则需要将消费对象按照不同类型划分，不论是按性别、年龄、职业还是地域划分，都能够从一定程度上使消费更具有针对性，目标更加明确而精准。例如农民工消费群体、时尚女性消费群体等。

(3)媒介消费主体的需求方式

上述两种类型的消费主体,在进行媒介消费的过程中,均具有相同的媒介需求。

即时性需求。一旦产生此需求,消费者立刻诉诸媒介,通过媒介满足自身对产品的需要。例如,通过媒介平台搜索想要立刻了解的新闻信息,或通过电子支付购买生活必需品。

日常行为惯性需求。主要是人们日常生活中的基本需求,由习惯产生。不论是个体还是组织机构,在日常生活中均会产生消费习惯,且利用高度发达的媒介来实现。例如,企业的定期员工培训、个人在日常生活中的休闲娱乐活动等,均可以通过媒介营销行为,找到合适的产品出售方。但是,此类需求并非刚性需求,能够出现转化。一旦媒介营销不能吸引客户,消费者就会逐渐降低需求指数。对该类需求进行营销引导,是媒介营销工作的重心。

消费者当下并没有消费需求,但未来可能会出现的需求就是潜在性需求。这种潜在的需求在某种程度上甚至能够决定媒介未来市场营销范围的大小。一旦条件成熟,潜在需求便会转化为现实需求。例如,在欠发达地区对电子产品的需求即潜在需求,一旦经济发达、科技发达,对电子产品的需求就会转化为现实需求。瞄准潜在需求市场,提前进行媒介营销推广,有助于企业占领市场先机,为未来的销售业绩奠定基础。

当消费者对某一产品或服务的需求量不断减少时,媒介市场中的需求就会消减。产品或服务自身功能无法满足需求,或是媒介营销手段滞后,都有可能产生需求消退,例如一些报纸杂志为新媒体阅读方式所取代。

零需求表现为对产品或服务的无视或无知状态。在无视状态中,体现为消费者或消费群体在进行媒介消费后,并不满意消费效果,因而对此类消费不再产生需求,例如应用了定位不准确的移动地图后产生负面情绪。无知状态则是由于消费者或消费群体并不知道媒介产品的存在,因缺乏认识而需求指数为零,例如不懂移动支付的人,就不可能对网上银行等金融产品产生需求。

同零需求相比,更被动的需求为负需求,体现为对媒介所营销的产品或服务产生负面情绪，或者反感，或者排斥，或者否定。产生这一现象的原因同消费者自身的兴趣、喜好密切相关，也同消费者的价值观有一定联系，也可能因消费者在进行同类消费之后所产生的不满情绪引发。

2.依照产品特点划分媒介市场

依照产品特点，可将媒介市场分为信息传播市场以及传统广告宣传市场。

(1)信息传播市场

信息传播市场将营销对象的内容、性能、表现形式、发展历程等同其相关的一切要素进行传播，强调的是营销对象的信息性。各类信息汇总到信息传播市场中，通过媒介平台进行信息交换，以便获取相应的价值。

信息可通过媒介进行重复性流通，但时效性极为重要，且任意一种媒介均可以成为信息传播的载体，信息可以根据自身的特征进行不同模式的呈现。

信息传播市场的规模化发展，有利于提高媒介市场的竞争力与应变能力，同时在一定程度上能够成为营销对象的宣传及促销手段。在媒介市场中，准确的信息传播能够为企业的营销活动奠定基础，同时使企业有计划、有效率地进行产品生产，减少生产活动中的盲目性，达到降低生产成本、减少生产时间的目的。

(2)传统广告宣传市场

广告宣传市场即广告营销活动的场所。媒介中的广告宣传市场同传统广告市场相比，具有如下优势。

其一，市场的组成要素不仅包括广告产品及跟广告宣传相关的一系列主体，还包括媒介要素，不同的媒介对广告市场组成环节的需求也有所不同。也就是说，媒介中的广告宣传市场的构成要素要考虑到媒介的性质。

其二，媒介市场中的广告宣传具有多样化的表现形式，尤其在媒介融合时代，任何形式的表现手法均可以为广告宣传所运用。同常规广告宣传相比，媒介市场中的广告更为丰富，更具有可看性。

在媒介市场中，广告宣传根据广告主的需要、广告活动的策划以及媒介与广告公司之间的合作关系来核定广告价格。也就是说，广告价格与媒介渠道紧密联系在一起了。

概念术语:媒介市场

媒介市场是伴随着媒介组织的诞生而出现的,也是市场经济发展过程中产生的新概念。常规意义上的媒介市场被定义为媒介买卖的地方,媒介不再仅仅是传播信息的平台工具,而是一种具有商品属性的买卖物,这种买卖物的使用价值主要体现于精神领域。

要点提示:

对现代媒介市场的类型进行划分,主要有两个依据:一是通过媒介市场购买主体进行划分,据此,媒介市场被划分为个体消费市场与群体消费市场;二是根据媒介组织所经营的产品特点进行划分,在此基础上,媒介市场被划分为信息传播市场和传统广告宣传市场。

案例分析:荣威 350 产品媒介营销

荣威 350 智能化的网络行车系统 Inkanet,具有 3G 数字智能优势,包括了移动购物、资讯、娱乐、商务休闲、通讯等一系列功能,有效地将移动应用与网络技术融合到汽车产品中,推出了荣威 350 第一款"在线互联"汽车,将汽车的信息化与技术化向前推进,使用户获得了更为便利的行车体验。

在进行产品营销时,荣威 350 充分利用了媒介的优势。例如,除了发布传统的购车渠道,还针对这一产品的应用功能,在一些生活 App 中进行内容植入。例如与腾讯联合,将与产品相关的魔法表情植入到 QQ 中,借助虚拟礼物与 Q 钻等奖励形式,传播同荣威 350 相关的信息。在一个月内,有 250 万人次参与了相关活动,使用魔法表情的人数也多达 140 万。同 QQ 合作的活动还包括在一些经典休闲游戏中投放广告,使 70 余万人关注到了该产品。

除腾讯以外,荣威的合作对象还包括听书平台,将有声的产品信息植入到听书平台中,同时关联百度热门搜索,加大了宣传覆盖力度,最终获得了 200 余万人次的访问量。

荣威 350 在产品上市一段时间后,加强了对广告营销形式的创新,例如通过社交网站开心网,将"全时在线轿车"的产品优势与"一路结交好友"的理念进行关联,建立了荣威广告与开心网平台的联结渠道。同时还将地图搜索、大众点评等相应的App与营销活动结合，在信息查询终端投放广告，获得了更好的广告投放效果。

同豆瓣的合作则更彰显了荣威350的媒介营销创新能力。荣威充分利用了豆瓣用户对电影、音乐及书籍等文艺话题的热衷，以及巨大的同类人际关系影响力，强调了与汽车相关的生活状态，不论是公路电影、摄影活动还是相关的汽车音乐，均是荣威350进行营销的手段。此外，荣威350在豆瓣平台上的广告宣传素材也都来自网友的作品，这不仅节约了广告宣传成本，还拉近了与豆瓣用户的关系，获得了文艺青年群体的青睐。

延伸阅读：

曾几何时，收视率、发行量、点击率是反映广告效果的不二法门，在收视率高的电视节目中插播广告，在发行量大的报纸投放平面广告，在流量大的网站投放互联网广告就意味着有效的广告回报。然而仅仅做到较高的广告到达率只是从一个维度去衡量广告效果，事实上，生产者形象、产品形象、使用者形象以及媒体的属性、广告的内容和创意、节目的属性等因素都会给广告和品牌带来多重效应，而这些效应是一个简单的到达率的数量规模指标难以呈现的。

在中国广告业初始发展的20余年中，消费者的同质化程度比较高，因此投放广告只要找到一个规模化的传播平台，持续地投放就会获得很好的广告效果，但是步入新世纪后，这种情况发生着静悄悄的改变：以往行之有效的高投入、高产出的传播营销模式已日渐式微，投入产出的效能比出现失衡。一个显而易见的事实是，中国人已经开始了多元化的生活，人们开始形成自己的“圈子”，单单这样一个改变，就对我们的市场营销和整合传播带来了新的挑战。

在营销传播的1.0时代，企业只需要找到一个规模化的传播平台，把广告信息传递出去就算是完成了一次传播；在如今则需要考虑圈子的文化特性，以及商品、品牌和人们的文化认同、精神情感等要素的契合，并且，这种营销传播更要体现出2.0的特性，即互动性，在互动和体验中加深对品牌和企业的认知、认同，使人们的品牌认知成为一种生活方式。

要嵌入圈子，达致文化认同，有三个操作要点：一是要数字化。因为只有数字的形态才能够以无界的方式进入人们的生活之中,并提供互动,提供广度和参与度。二是要嵌入社区,实现对"碎片化"的消费形态的重新聚合。即要找出某一群人共同喜欢的、同类化的东西,进而将这些特质与相关的营销活动连接在一起,套住人。三是内容,内容必须跟目标受众相关,只有人们有兴趣的,他们才会参与,因此内容契合度的构建是非常重要的。最好的营销传播活动一定是精彩纷呈和趣味盎然的,目标受众因为觉得有趣而参与话题的讨论或者亲自参与到互动的传播中,这样目标受众就从被动地接收信息变成主动地参与信息和内容的分享与传播。这也正是现在资本市场比较看好消费类点评网站的重要原因,如餐饮类的大众点评网、旅游酒店类的到到网,在数字社区里聚集了一帮有共同爱好的人,广告投入目标精确,到达率和认同度、行动概率都是相当高的。

概言之,2.0时代的营销传播要能体现数字化、社区化、内容的关联性和情感的按摩,用更贴近消费者的内容和话题拉近与消费者的距离,而营销和广告则通过与内容更紧密的结合来与消费者形成互动,从而更深层次地与目标受众进行交流,提升品牌的偏好度。

——喻国明、陈永编著:《营销革命:新媒介时代营销案例精粹》,中国人民大学出版社2009年版。

二、媒介市场的运行机制及特征

在互联网信息技术日益发达的当下,我国媒介正处在一个瞬息万变的市场环境中,在媒介产业及媒介市场进入规模化发展阶段以后,加入世贸组织的中国媒介产业,也面临着新的国际化媒介竞争格局。不论是媒介产业及媒介市场内部的运行机制,还是媒介市场如何同外部环境发生关联甚至进行合作,都会对媒介市场产生深远影响。

1.具有产业链条性质的媒介市场

较为成熟发达的媒介市场具有鲜明的产业链条性质,不同媒介之间、传媒集团之间进行合作,要有明确的内部分工。从媒介市场的营销创意开始,到支撑媒介市场的技术运行系统以及各个环节的具体营销行为,形成了一个"上游开发、中游拓展、下游延伸”的产业价值链条。[1]

链条式发展对于媒介市场的重要性显而易见，这从我国媒介市场自 20 世纪末期发展至今的历程便能窥见一斑。早期我国传媒市场尚未形成规模化，无法做到对资源的充分利用；而点对点发展起来的媒介市场最大的限制还在于媒介产业容量的约束，无法将已经饱和的媒介内容向上下游领域延伸。

伴随着媒介市场化的进一步发展及大量资本的进入，具有一定产业规模的媒介市场在 21 世纪初期开始形成，这有赖于不断扩大的媒介规模及不断丰富的媒介种类，不论是媒介内容生产者、发行者还是代理商、广告商、市场监测主体，都形成了环环相扣的商业链条，彼此之间提供服务，进一步完善了媒介市场的链条体系，整合了媒介产业内部资源，建立了竞争机制，搭建了良性运行的媒介平台。

(1)媒介市场内部进行链条化调整

媒介市场内部进行链条化调整，主要是针对结构上的组合优化，也就是对媒介内容采制方、媒介内容发行方、媒介内容营销方进行链条整合，使采制方在充分考虑媒介性质的前提下，确定内容、形式、发行对象、消费目标等，再交由发行环节进行具体营销。营销的过程中，宣传团队进一步将营销对象推向市场，以求得充分的业务优化，形成强劲的媒介市场竞争力。

(2)媒介市场外部进行产业价值链调整

在媒介市场内部进行链条化调整的基础上，媒介市场外部也应该进行更高层次的产业价值链调整，这样才能整合多渠道媒介资源，形成规模优势。不论是同类型的媒介产业价值链优化，还是不同种类的媒介产业价值链优化，都可以充分利用媒介已有的优势，将其功能向外围扩展。

例如，同种媒介类型的产业价值链调整，可以是报业集团的系列报刊，也可以是电视集团的不同频道，原有的媒介资源都能够被继续利用，使新的媒介平台减少成本，同时增强媒介集团的整体实力。

在跨媒介产业价值链优化的过程中，常以多媒介集团之间的合作作为突破

---

① 李岚:《从竞争优势到公司战略:传媒企业产业价值链的关联构建》,《新闻界》2004 年第 1 期。

口,提高不同媒介的使用效率,增强多媒介融合之后所带来的核心竞争力。但需要注意的是,媒介融合不是各媒介的简单相加,而是深入的、各个环节上的紧密融合。

(3)媒介行业以外的产业价值链扩展

将价值链优化整合从媒介行业延伸到其他行业,是媒介行业以外的产业价值链的扩展方式。不论是媒介营销品牌的延伸,还是与产品相关的物流、线下销售,均可以利用媒介产业链开展营销行为。而事实上,任何与媒介及媒介营销产品相关的产业链均可以被有机联系起来,玩具、影院、主题公园等均可被纳入媒介营销延伸环节中。

2. 媒介市场在运行过程中具有明确的对象划分

媒介市场的高效运行需要对消费对象进行明确的划分,不同的群体具有不同的消费需求与购买喜好,同时支付能力也不尽相同。同传统市场相比,媒介市场的消费对象需要更为清晰的界定,这主要是由如下因素引起的:

首先,相对于传统市场,媒介市场是一个更为开放、自由的平台。互联网技术使媒介市场上的一切内容都可以公开地呈现出来,透明化的媒介市场更容易进行较为清晰的受众类型划分。

其次,对媒介市场进行更为细致的划分有助于营销行为更有规划、更有效率。针对不同对象制定不同的营销策略,才能够契合媒介的传播特征,获得良好的传播效果。例如,针对上班族所制定的媒介营销策略通常体现为时长短、画面更新快、语言犀利时尚等特征,文字过多的营销模式并不适于读图环境下成长起来的青年群体。

最后,对媒介市场参与主体的细致划分有利于媒介自身的发展,在有针对性、目标明确的市场活动中寻找自身定位,在适合自身发展的领域及渠道中,谋求未来更长远的发展。

3. 媒介市场的营销要依托互联网技术

媒介市场营销之所以能够迅速发展,与互联网技术所带来的全天候开放式互动平台密不可分。利用网络平台进行交互式媒介营销体验,将大量的营销信息快速传播出去，才能够进一步丰富媒介内容资源，实现不同媒介之间的优势互补。

开放式的网络平台还使跨媒体营销市场的媒介资源得以充分、有效利用，不受时间、空间及传播形式的制约，媒介内容不易在制作过程中出现资源浪费现象，传统媒体与新媒体之间的鸿沟也因此而逐渐消解，甚至形成了共同生存的营销价值链。

概念术语：价值链

主流商业管理教材将价值链划分为基本活动和支持活动两个类型。其中，基本活动主要包括生产、营销、运输和售后服务等，支持活动则包含物料供应、技术、人力资源或支持其他生产管理活动的基础功能等。

最早提出价值链概念的是哈佛商业管理学院的迈克尔·波特，他作为竞争战略和国际竞争力领域的权威，在其著作《竞争优势》中提出了较为权威的价值链概念："企业的价值创造是通过一系列活动构成的，这些活动可分为基本活动和辅助活动两类，基本活动包括内部后勤、生产作业、外部后勤、市场和销售、服务等；而辅助活动则包括采购、技术开发、人力资源管理和企业基础设施等。这些互不相同但又相互关联的生产经营活动，构成了一个创造价值的动态过程，即价值链。"①

要点提示：

当下的媒介环境瞬息万变，媒介产业及媒介市场步入了规模化发展阶段，面临着日益复杂的市场竞争格局。不论是媒介产业、媒介市场内部的运行机制，还是媒介市场如何同外部环境发生关联甚至进行合作，都会对媒介市场产生深远影响。媒介市场在运行过程中所呈现出的特征主要体现在产业链条性质鲜明、对象划分精细、强大的互联网技术支撑与依托三个方面。

① 〔美〕迈克尔·波特：《竞争优势》，华夏出版社 2005 年版。

案例分析:与《中国好声音》合作的加多宝媒介营销之路

2012年由加多宝赞助的《中国好声音》是浙江卫视的一档电视娱乐选秀栏目,选手不拘泥外形、不论唱法,只要具备声音优势,均可以参赛。从2012年起,《中国好声音》在国内电视市场上不断掀起收视狂潮,并带动一系列雷同节目的产生。杂志、报纸、广播、电视、网络媒体,均对《中国好声音》进行了深度报道。

加多宝作为《中国好声音》背后的营销力量,投入2.5亿拿下冠名权,为了进一步借助"好声音"对品牌进行营销,加多宝还与腾讯等网络媒体进行跨界合作,不断引发与品牌相关的话题讨论,"怕上火喝加多宝"的广告语人尽皆知,使得加多宝的销量在华南地区市场保持持续增长的势头,以多达70%的销售份额高居饮料市场榜首。

加多宝将自身品牌与"好声音"进行捆绑,提出"正宗好凉茶、正宗好声音"的口号,让加多宝和"好声音"共同成长,甚至出现了"加多宝中国好声音"这一两者兼容的全新品牌。在此基础上,"好声音"与加多宝共同发展:寻找好声音、培养好声音、好声音喝加多宝、打造标志性符号"V"、将标志性符号移植到加多宝外包装上,使加多宝凉茶有了新的品牌意义。

在大规模投入广告宣传费用之前,加多宝面临着和王老吉之间的品牌纠纷,为了迅速获得消费者的青睐,加多宝在营销手段上一直采取大规模的"轰炸式"投入。运用凉茶的品牌形象、知名度不计成果地投资宣传,不放弃任何一次机会,因此,当"好声音"的收视率出现爆发式增长时,加多宝也获取了营销战略中的一次胜利。

尽管加多宝在市场资源的配置过程中目标清晰、定位准确,但加多宝还是尽可能地扩大市场营销渠道,广泛铺设营销通路,举办公益活动、冠名电视节目、投放电视广告、植入网络广告,均是加多宝媒介营销的主要模式。

延伸阅读:

对于一个企业而言,维持收入的持续增长是一个难题。如果想让企业的增长率持续高于国民生产总值的增长率,这种概率不会超过1/10。当今市场正处于一股改革浪潮之中，所以，与其使用传统经济策略来应对市场竞争，不如顺其自然，优胜劣汰，留下最有生存能力的企业。

科技进步为艰难的商业环境增添了燃料和动力，使得供应商和消费者可以在全球范围内，在实时的环境中紧密联系，携手并进，共同讨论公司经营所需要的运作方式。

在这种经济体系中，存在着很多的大赢家，这些大赢家运用自己的业务和对外的合作关系，通过提高生产率、推动各种协作以及进行改革来创造各种新的机遇，从经济循环和商品化的过程中释放出各种变量，并最终创建一个增长循环。

高效的生产率是推动快速增长的一种驱动力，它带来的益处是显而易见的。几个世纪以来，高效的生产率所带来的财富刺激着经济的增长和工作的创新，并且提高了整个人类的生活质量。对于企业而言，一方面，生产率能够激发竞争，提供激励和提升绩效，并通过在高增长性、新的商业领域内进行并购和投资，获得维持长期持续增长的动力；另一方面，生产率也是影响股票增长的重要因素，是绩效考核的关键指标，生产率发展缓慢或者生产停滞表示企业必须承认是过低的利润率或者过高的产品价格让它们失去了竞争力。

新的科技和文化的进步提升了组织的生产率，生产率的提高让员工的工作时间变得更为自由，让不同的组织之间实现了更好的合作。这种新颖的、深入的合作方式让组织可以建立动态的团队，并迸发出创新的火花以解决客户提出的问题。

21 世纪的经济，核心价值是创新性。企业需要评估各种重大的发现，开辟探索新途径以及新方法来应对变幻莫测的市场需求。这不仅仅涉及科技（科技用来实现以上提到的各种观念），而且还涉及商业交易、开拓进取时的工作策略以及在世界上的重要地位。

企业通过自我革新来推动客户和自身的利益增长。利益之所以能获得增长，是因为企业已经或者正在建立某种基于结构化的组件和技术平台，这个平台拥有快速性、灵活性和适应性三种特点，为企业提供了良好的应对不可预知、不可控制状况的能力。这些企业的领导者通常抓住各种机遇与客户、合作伙伴和供应商进行合作来建立自己的价值网络,并从它们的价值网络中挑选资源和整合组件。这些企业关注有利可图的增长,并通过所需求的技术来实现增长。这里提到的技术具有及时性,不受地点的限制并且能够迅速地被整合和推广,最终使增长不仅仅在技术上有效,而且在生产率水平上也有效。

——〔美〕琳达·S. 桑福德:《开放性成长:商业大趋势(从价值链到价值网络)》,东方出版社 2008 年版。

第二节　跨媒体营销方法与跨媒体营销的未来之路

媒介产业自市场化经营以来,经历了约 20 年的变革与发展,至今已形成了包括平面媒体、视听媒体以及新媒体在内的三大基本门类。这三大门类奠定了媒介市场的基本格局,形成了立体化、多层次、全方位的产业框架,使得媒介市场在中国市场经济中的作用越来越突出。在这一过程中,媒介营销的观念也经历了从简单到复杂、从单一媒体到跨媒体、融合媒体的演变历程。

同一般传统产业相比较,媒介市场具有文化属性和经济属性的双重性质,且与日新月异的科学技术密不可分,媒介市场既要遵循一般市场的经济规律,也要遵循媒介自身的传播规律,消费群体不断变化的生活方式是媒介市场发展的动力,不同媒介之间如何充分、合理利用资源,是跨媒体营销必须考虑的要点。

一、跨媒体营销方法

跨媒体营销旨在充分利用不同媒介资源,通过运用经济学领域中的营销思维,将产品或服务的信息通过媒介传播出去。这一行为涉及管理学、经济学、营销学、传播学、广告学等多门学科,具有综合性及复杂性。通过不同媒介的产品信息传播,企业和客户建立了较为稳定、长期、良好的关系,基本能够实现双方利益最大化。跨媒体营销主要通过以下两种方式来完成。

1. 基于横向思维模式的跨媒体营销方法

跨媒体营销方法中的横向思维包含两个层面:一是媒体之间进行合作的横向

思维，在同一客户的要求下，不同媒体之间进行通力合作，完成营销活动。二是将跨媒体营销这一行为利用横向思维进行拆分，使每一个环节都为整体营销活动服务，且通过不同媒介来实现。

(1)不同媒体之间的通力合作

在各自发挥自身优势及特点的基础上，以报纸、杂志、图书为主的平面媒体，以广播电视为主的视听媒体，以网络为主的新媒体形成了传统媒体与新媒体之间的通力合作，构成了多层次、多渠道的信息网，能够满足多元、复杂的受众信息需求。

不同媒体之间的合作在技术手段的支撑下有效展开，不论是合资、独资还是合作，都力图实现跨媒体协同经营，以扩大市场占有率，提升媒介竞争力。与此同时，相同信息通过不同媒体传播，也使不同媒体完成了相互依托、相互协调的共生经营模式。

(2)不同媒体建构营销活动各个环节

从品牌营销战略的制定到媒体营销内容的制作，再到多元化的广告植入形式，在跨媒体营销的各个环节中，每一种媒介都应利用其自身特有的优势参与其中。在品牌营销战略阶段，通过文字更能够展现每一步规划之间的逻辑关系，图表则使规划部署明晰易懂，平面媒体的优势在这一阶段能够凸显出来。品牌战略同样是媒介营销的基础，通过对营销群体的定位、营销对象形象的包装、营销方式等战略方案的制订，使整个营销活动具备了高市场回报率的基础。

在媒体营销内容制作环节，网络媒体与电视媒体的优势更胜一筹。作为动态短片呈现的最佳平台，网络与电视媒体能够清晰、明确地将营销对象的功能优势展现出来，直观易懂。电视媒体的频道资源、人力资源和技术设备资源也足以支撑营销内容的制作。

(3)多元化的广告植入形式

广告是媒体在营销过程中的重要收入来源，也是跨媒体营销不可或缺的组成环节，对广告产品和广告经营策略的重视，有助于实现跨媒体营销业绩的增长。在跨媒体营销过程中，广告的实现方法是多种多样的。广告本身可以是文字、图片、影像、动漫，可以利用不同的媒介时空进行展示和推广，甚至提供媒介渠道的增值服务。

2.基于纵向思维模式的跨媒体营销方法

当媒体种类划分得日趋精密,媒体营销各个环节的专业分工也越来越明确,媒体营销便从上游开始逐渐向中游、下游延伸,上游的每一个模块均能构成一个价值链系统,决定着下一个营销环节的成败,只有在各个环节提升营销效率及质量,协同工作,才能够使跨媒体营销链条畅通发展。

产品生产企业向公关公司提出产品营销诉求,公关公司寻找相应的媒介机构进行合作,分析产品所面对的内部环境及外部环境,共同完成营销内容制作与生产,同时展开一系列能够创造价值的营销活动。活动可以在媒介平台上举行,也可以在线下举行,利用不同的媒介平台进行宣传。

3.跨媒体营销复杂性的原因

跨媒体营销的手段及策略同传统营销活动相比较为复杂,是因为跨媒体营销本身所涉及的资源、平台、人力等因素较为多元。

首先,跨媒体营销具有双重目标,对产品或服务的营销是最根本的目标,对媒体本身也是一种营销宣传,因此媒体与产品的利润是跨媒体营销同时要考虑的赢利因素。

其次,基于双重赢利目标,跨媒体营销活动的各个环节十分复杂,不仅需要产品生产企业与媒体之间进行合作沟通,媒体与消费者、公关公司、广告公司都要进行合作,合作手段多样化。

再次,跨媒体营销具有精细的受众划分,不仅是消费群体需要划分为不同种类,产生购买行为的消费者、单纯观看跨媒体营销内容的受众、媒介时段或空间的购买者、广告公司等,都是产生价值的营销过程中的行为主体。

概念术语:广告植入

广告植入是将产品符号融入到媒介平台中,为受众留下深刻印象,从而达到产品营销的目的。同传统广告相比,广告植入较为隐蔽,不直接占用媒体时段或空间版面,对受众欣赏媒介内容不产生进度上的影响。这种方式能够增强品牌的渗透力,并且可以缓解媒介资源紧张的局面。

广告植入是当前的一种新型广告类型，台词表述、特写镜头、奖品提供、道具提供、场景提供均是广告植入的典型形式。

要点提示：

利用不同媒介资源进行的跨媒体营销行为，旨在将产品或服务的信息进行全方位传播，以获得更好的营销效果，这样，企业和客户之间便建立了较为稳定、长期、良好的关系，基本能够实现双方利益最大化。跨媒体营销主要通过两种方式来完成。

其中，基于横向思维模式的跨媒体营销方法主要是媒介之间进行的相关合作；另外，将跨媒体营销这一行为利用横向思维进行拆分，使每一个环节都为整体营销活动服务，且通过不同媒介来实现，是其另外一种典型的营销方式。

基于纵向思维模式的跨媒体营销方法是使媒介营销从上游开始逐渐向中游、下游延伸，上游的每一个模块均能构成一个价值链系统，各个环节协同工作，提高效率，使整个跨媒体营销链条畅通发展。

案例分析：瑞丽的新媒体发展之路

将新老媒体进行整合，是瑞丽在全媒体时代的营销之路。已有的平面媒体资源是瑞丽自身的优势，且获得了相当高的市场份额，但伴随着新媒体的兴起，传统平面时尚杂志也面临着相当大的竞争压力甚至生存危机。在此背景之下，瑞丽开始充分利用新媒体资源，拓宽业务营销领域，以谋求在新媒体环境中的发展空间。

在跨媒体营销过程中，瑞丽充分研究新媒体数字化的功能优势，将自身已有的媒介内容进行切合新媒体特征的设计，而并非盲目地将已有的媒介内容移植到新媒体中，单纯更换媒体界面。瑞丽具体的做法主要包括开办瑞丽女性网、开发时尚智能产品以及开展网络交流平台业务。

在瑞丽女性网的营销环节中，瑞丽整合了原有的平面媒体资源与网络新媒体视频资源，且增加与受众的互动模块，而智能产品则集中于一些专业、时尚的微博公众号或其他社交媒体，个性化的数码相框是其智能产品在开发初期阶段时的较为成功的尝试。

正因为没有单纯地将传统媒体电子化或数字化,瑞丽才在新媒体领域找到了适合自己的发展道路。对于传统媒体来说,来自于新媒体的不仅是压力,更有可能是机遇。传统媒体的内容资源是多数新媒体并不具备的,且传统媒体的广告经营模式也比较成熟,具有稳定的客户群及长期合作的经验。传统媒体与新媒体所进行的跨媒体营销,应该以共赢为大前提,这是瑞丽至今仍然具备传统时尚媒体营销业绩优势的根本所在。

延伸阅读:

以前,营销是一项极简单的任务。一本宣传册,一支营销队伍,再加上几则广告就万事齐备了。如果有人想了解更多信息,以邮寄的方式送本手册给他,再找个销售人员一周之后电话跟进一下就可以了。然而今时不同往日,人们随时随地都能进入网络,分秒之间就能找到数以千计的备选方案。因此,你的产品和服务不但要具有可以被迅速搜索到的特点,还必须经得起推敲。这也正是我们所倡导的有价值的内容营销的精华所在。

面对今天这些悟性高、戒心重、消息灵活的消费者,旧式的营销方式已经被彻底淘汰掉。没有人会花上三天的时间去等候那些已经过时的信息。他们希望即时获得答案,马上就要!他们不会傻站在那里听销售人员喋喋不休地说些"买这个吧,它很棒"之类的枯燥言语。你需要为消费者提供信息、娱乐,当然最重要的还是通过这些手段让他们购物。

在网络世界中,确保网页策划及内容的正确性已经变得不再重要,但是你真的了解自己究竟分享了些什么内容吗?把陈旧的内容堆积起来以量取胜显然是行不通的。只有高质量、高价值的信息才值得信赖、阅读和分享。所谓有价值的内容就是指那些能使闻者受益,与主题密切相关,具有丰富的内涵或一定娱乐性的信息。它的形式灵活多变,比如网站上能起到帮助作用的网页、博客上的文章、社交媒体的更新,以及通讯报道、视频节目或图书等。归根结底它是一种智能化的营销交流形式,如果你能坚持定期分享这类信息,就能吸引人们来关注你的企业。

有价值的内容就像一块磁铁,能吸引人们关注你的企业。与目前所能见到的大多数营销手段相比，有价值的内容分享是一种截然不同的新形式。大多数商家和网站只会发布一些内容呆板、毫无新意的销售信息，这些信息极易为人们所忽略。有价值的内容则完全不同，它们通常会让人喜闻乐见。如果你希望在营销领域取得成功，那么放弃低劣的销售理念吧，换一种方式，让消费者感到你是在为他们提供帮助。我们将向您展示如何找到精准的内容，从而在竞争中脱颖而出。

同许多优秀的理念一样，有价值的内容营销其实并不复杂。它主张让企业学会如何把自身放到次要位置上，进而能够站在客户的角度来考虑问题——提供答案，发展关系，想客户之所想，急客户之所急。这是一种顺势而为的明智之举，将为你的企业赢得成功。我的企业以及多位客户的企业应用此法后都取得了不错的成果。这种方式与那些毫无意义的推销电话和电邮轰炸有天壤之别。只要你能坚持不懈地向客户和消费者传递真正有价值的信息，他们自然会选择你。

——〔英〕索尼娅·杰斐逊、莎伦·坦顿：《内容营销：有价值的内容才是社会化媒体时代网络营销成功的关键》，祖静、屈云波译，企业管理出版社 2014 年版。

二、跨媒体营销平台未来发展策略

经过一段时间的发展，跨媒体营销的理念、方法以及赢利模式已经逐渐为媒介市场所认知。在跨媒体营销发展的历程中，我们对媒体与企业之间的关系又有了全新的认识。在传统营销领域，媒体对于企业来说仅仅是一种广告载体、宣传平台，媒体的本质体现为一种宣传工具；而在跨媒体营销过程中，媒体同企业一起介入营销活动，从产品的开发、宣传策略的制定、销售渠道的搭建，到与消费者的沟通，媒体既是宣传平台，也是营销主体，这是跨媒体营销过程中媒体价值及功能的多重体现。

未来的跨媒体营销将在产品营销领域中越来越凸显出其强大的功能，媒体的价值也将在市场营销领域愈发鲜明地体现出来。

1. 加大不同媒介之间的融合力度

未来的跨媒体营销，务必建立在融合度高的媒介大平台上，因此加强不同媒介之间的融合力度,对于营销活动来说至关重要。媒介之间的融合按照现有的媒介种类进行划分,包括平面与视听、视听与新媒体、新媒体与平面三种类型。

平面媒体与视听媒体的融合,较为典型的形式是电视读报、广播读报等。媒体与视听媒体良好的互动合作,能够利用相应的资源,在广播电视领域开设读报类的广播、电视节目,在平面媒体宣传广播电视的节目内容。更为重要的是,将纯粹的平面文字转换成视听语言,使信息的接收更为便捷,扩大了新闻事件的宣传范围,加大了新闻事件的宣传力度。

平面媒体与新媒体融合的典范是移动阅读 App 的大规模应用,头条、听书等移动阅读客户端的开发,使阅读本身从形式上不再依托于传统的纸媒体,而是转移到移动的电子屏幕中。同时,传统媒体也可以继续利用其优势进行开发,丰富移动阅读的信息含量,增加信息传播渠道,利用新媒体优势扩大宣传力度,使阅读不局限于某一种媒介,传播更为便捷,受众更为广泛。平面媒体与新媒体结合的另一优势还体现在新媒体阅读这一形式能够超越时空限制,实现读者与作者之间的互动,随时随地传达消费群体的意见,进行实时反馈。

视听媒体与新媒体进行融合,目的在于利用新媒体不受时空限制的浏览模式,将视频或音频作品上传至新媒体空间,以便受众进行较为自由的收听或收看。视频和音频的制作则更有赖于传统视听媒体已有的人力、物力资源,在增加经济收益的同时,通过新媒体传播,获得更强劲的市场竞争力。例如湖南卫视就利用网络媒体的传播优势,提升网络芒果台的影响力,形成跨媒体产业经营,获得了良好的效果。

然而,也应当看到,当下的媒介融合力度同传媒业发达的国家相比,还有一定的距离,技术因素,部门、区域、单位之间的组织管理都存在一定的隔阂。但利用媒介融合的优势进行媒介市场的开发与跨媒体经营,将是未来传媒业改革工作的重中之重。

2. 加大信息产品的生产及扶植力度

在未来的跨媒体营销行业中,不同媒介中的互联网信息都会占据相当大的比重,使人们生活在智能、信息、数字化的环境之中。上述因素所带来的最大益处是消费者生活的便捷化。也就是说,跨媒体营销的运行基础主要在于新媒体产业的良性运转。新媒体的出现改变了信息的传播方式，也改变了传者与受者之间的关系，因此，跨媒体营销活动必须要加大信息产品的生产及扶植力度，使产品本身的性质同新媒体的技术性质相契合。

信息产品的充分开发，是跨媒体营销未来发展的动力，一方面，信息产品是不同媒介获取利益的主要方式；另一方面，信息产品也能够带动其他跨媒体传播内容的开发，是跨媒体产业向前发展的先导力量。

3. 建立跨媒体综合大平台

打破单一的平台传播形式，建立跨媒体综合平台，是未来跨媒体营销活动的基础。综合平台体现了对媒介资源的聚合能力，平台包含的元素越广泛，越能汇聚尽可能丰富的媒介资源，体现出媒介融合的优势，也对媒体产业结构和运营方式产生深远的影响。

首先，跨媒体综合平台的建立，有效消除了不同媒介种类之间的隔阂，提高了信息传播的效率，使不同媒介的优势获得了最大程度的发挥。

其次，跨媒体综合平台的建立，能够较好地整合信息产品制造的各个部门，真正实现文字、图片、音视频采集于一体，减少人力资源成本，扩展利润空间。

最后，跨媒体综合平台的建立，能够为媒介集团带来良好的融资环境，与其他相关企业、团体展开广泛合作，从而获取更大的经营效益，在竞争激烈的国际媒介市场中立于不败之地。

4. 建立科学的跨媒体经营管理模式

由于跨媒体营销的资金投入大、媒介产品数量多，因此要对其进行科学、高效的管理。尤其在我国加入世界贸易组织后，媒介资本市场处于对外开放的状态，受到来自国际媒介资本市场的冲击与挑战，现代化、全球化的企业管理制度必须在这一时代背景中建立起来。

在跨媒体平台中，网络新媒体的开放性质也需要建立完善的管理制度及模式，任意地域、任何人群均可以较为自由地接收平台上的信息，实时表达对信息的意见，因此，跨媒体平台更需要建立完善的管理体系，使媒介平台具有较高的权威性，发挥其优势影响力。

概念术语:媒介集团化

媒介集团化是媒介走向世界传媒市场的重要经营举措,将媒介资源进行整合,做大做强,是媒介企业共同的目的。媒介集团化是媒介市场经济高度发展的产物,在我国,也离不开宏观调控的引导。这一举措早在20世纪90年代以后就着手实施,加入世贸组织以后,面对外来传媒集团的竞争压力与挑战,我国的媒介集团不得不积极做出应对,力图通过建立媒介集团,提高媒介集团整体的经营效益,走更快、更优的媒介发展道路。

要点提示:

在跨媒体营销的发展过程中,我们对媒介与企业之间的关系有了全新的认识,未来的跨媒体营销将在产品营销领域中越来越凸显出其强大的功能,媒介的价值也将在市场营销领域愈发鲜明地体现出来。具体包括媒介之间融合力度的增强、信息产品的生产及扶植程度的加大、强大综合的跨媒体平台的建立以及科学的跨媒体经营管理模式的建立。

案例分析:百事可乐媒体营销成果

在进入Web2.0时代以后,诸多大型品牌厂商以及广告公司开始关注媒介营销的优势,不论是早期的网络广告还是后来的跨媒体营销模式,媒介在广告中的分量不可忽视。广告在产品营销活动中,不再单纯是被欣赏、被观看的角色,而是体现出作为产品营销主体的参与性。

百事可乐充分利用了媒介营销的手段,在网络上进行了名为“百事我创,我要上罐”的营销互动。参与者将自己的照片上传到网上参与活动,其他人进行投票,票数最高的可以将照片印在百事可乐的包装瓶上,体验做明星的感受。这次活动的赛制分为初、复赛,五家大型网站参与了营销,成为百事可乐的合作方,代表着五大赛区的五家网站分别选出初赛入围者,继而进行复赛总决战。

仅仅一个月的时间,此次活动就吸引了150余万人次报名参赛,获得了1.2亿次投票,网友的互动留言也多达680万条。

在此次活动中,战绩最好的当属51.com,该网站本身就以博客、相册、社区为主打内容进行经营,本质上属于社交网站。网站用户具有写日志、上传照片的习惯，且通过社交辐射，每一个用户都拥有大量的好友。51.com 更强大的优势在于其对社交形式的重视，博客登录以后，浏览到的首个页面并非自己的博文，而是都有哪些人访问过自己的页面，哪些好友在线以及哪些好友更新了自己的日志。这种形式使得网站的访问量非常大，具备广泛的人际交流网络，形成强大的人际传播平台，能够在短时间内获得大规模的用户关注。因此，百事可乐充分利用了 51.com 的优势，通过社交平台向用户宣传此次活动，并在博客首页置顶文章、配图进行宣传。在用户看到文章以后，其好友继而也会收到通知，迅速成规模扩散。

百事可乐利用大众人际传播及网络传播的优势，使 150 万人次参加活动的优势远远大于常规意义上的 150 万次广告点击量，与此同时，该项活动还配合电视节目宣传，最终获得了同类产品中最优厚的营销回报。

延伸阅读：

随着线下(Offline)社会和线上(Online)社会的融合，互联网上虚拟社区的治理、不同社区人群的管理、社群在线行为学、网络的社会心理学等话题都有待深入琢磨。传统的社会学理论搬到互联网上未必会适用，尤其是中国特色的互联网生态系统。企业在应对社会化媒体、移动互联网的蓬勃发展上，更多的是手足无措，一片茫然，其实本质问题还是要了解消费者。我们企业的消费者现在活跃在哪些互联网媒体上？他们的使用度是怎么样的(重度使用、折中使用、轻微使用)？如果我们不懂消费者的媒体消费变化，而去谈什么新媒体营销、网络传播，都是不靠谱的行为。

从营销传播的效果上讲，无外乎传播的广度和深度。在大众传播时代，我们更多关注的是传播的广度，例如上个世纪的 90 年代，电视在品牌传播中的应用。碎片化传播时代，企业再想通过一次性、集成式的方式来开展营销传播已不太现实。目标客户散落在媒介环境中，更多的消费者都以社群的方式散落在互联网平台上(新浪微博、优酷、豆瓣、天涯等)。传统的 4A 广告公司运营方式也将终结，大规模的媒介采购将被切割成多个模块，时间也将拉长为 365 天，而不是之前阶段性的投放。

社会化媒体营销带来的变化是:企业需要花更多的时间和人力来和消费者对话。许多企业的营销思维模式是获得海量的注意力,但最终的转化和效果取决于软性的"信任"。营销游戏规则已悄然发生变化——企业需要从广告思维走向为社交网络提供服务,真诚地帮助用户构建基于兴趣或产品的圈子(社群),获得用户的信任。互联网营销从之前的营销数据派,为SEM、CPS、联盟营销转到抢占网民的攻心战。孰优孰劣,不可武断之。不同的行业、不同的企业、不同的阶段,新媒体营销需要不同的搭配,豪华型(烧钱)的组合效果未必就好,适合的才是最好的。

企业要想更好地玩转社会化媒体营销,需要从市场营销、社会心理学、消费行为学、互联网科技等方面综合思考。

——唐兴通:《社会化媒体营销大趋势:策略与方法》,清华大学出版社2012年版。

第七章　跨媒体营销:策略及方法

本章内容:

产品在进行跨媒体营销过程中,采用何种方式及手段,以获取广大消费者的青睐,是企业在制定产品营销策略时必须注重的内容。完善的跨媒体营销策略需要充分考虑消费者的需求,并遵循媒介发展的大趋势。这不同于传统营销策略中以企业为主体的观念,一旦跨媒体营销形成较为完善的渠道,就必须以顾客为中心来制定策略,在满足不同顾客个性化需求的同时,采取适应不同媒介渠道的营销方法,只有这样,才能使真正意义上的跨媒体营销做到利益最大化。

本章将针对跨媒体营销的策略及方法进行深度分析,解读跨媒体营销的"顾客中心制"营销策略及适应媒介传播渠道的多元化营销方法。

第一节　跨媒体营销过程中的功能融合方法及策略

一、产品与服务融合

1.树立宏观的产品理念

将产品与服务进行融合,首先要树立宏观的产品理念,而不能将产品视作传统意义上的物质商品。

宏观的产品既包括物质产品,也包括无形的延伸产品,也就是附加产品,即产品的服务。这是跨媒体营销得以顺利实现的基本立足点。也就是说,既然存在媒介,就应当加大产品与客户之间的连接性与黏性,这样媒介才能作为载体来反映产品的核心质量。

跨媒体营销过程中使用最多的销售渠道是新媒体渠道,新媒体正是通过网上的虚拟市场来对产品开展营销活动的。消费者的需求不仅包括买到称心如意的产品,还包括获得产品的增值服务。

2. 整合产品营销渠道

产品多渠道融合的基础在于电子商务模式的不断发展。电子商务的边界从根本上来说摆脱了地域限制,除贵重物品或体验性消费产品之外,几乎任何商品都可以通过互联网进行营销。线上及线下营销渠道的有效融合,才能够拓宽产品的销售路径,获取最广泛的客户群体;即便是美容、餐饮等体验式产品,也可以采取线上完成付费行为、线下完成消费行为的融合式营销方法,使营销对象在跨媒体营销的大环境中获取更大的经济利益。

概念术语:线上营销

线上营销,即将原来需要企业自己雇佣销售人员来完成的网络销售工作以合同的方式委托给专业的网络营销服务商家,网络营销服务商家对企业现状进行深入分析,对产品特征及行业特征进行深入解读,为企业量身定做个性化的网络营销方案,同时负责所有的营销环节。在营销结束后,还需要对营销结果进行监控,以便通过数据得出分析报告。企业在完成营销预定目标后,支付给服务商家相应的费用。

要点提示:

产品与服务融合的跨媒体营销方法主要包括两个方面,首先是树立宏观上的产品理念,将销售产品与售后服务进行整体考虑;其次是整合营销渠道,线上线下营销手段配套使用,使跨媒体营销获取最大的效益。

案例分析:产品媒介营销经典案例——微电影营销

企业将产品同媒介资源进行捆绑式营销,以获取更广泛的客户群体,是当下产品媒介营销的主流趋势。将商品植入到微电影中,同时紧密结合剧情,配合明星的演出,往往能够获取更大的收益。例如,时间长度仅仅为90秒的微电影《一触即发》,就是将相应的广告内容植入其中,通过吴彦祖的精彩演出来获取广大受众的关注。

微电影体现了广大民众与艺术之间的高度契合,将产品融入其中,产品就和媒介有机结合起来,拉近了与受众之间的心理距离。微电影《爱不停炖》主要的植入产品就是小熊电器,作品中在北京漂泊的女儿,中秋前夕与老家的父亲通电话,诉说着过节无法回家的苦衷,此刻,女儿患感冒咳嗽,父亲马上就在老家的菜市场选购了冰糖、雪梨,为女儿熬制,长途跋涉来到北京,却不幸摔倒。无奈的父亲只好去小熊电器买了新的炖锅。当父亲看到穿着毛茸茸的小熊道具衣服的促销员时,突然想到用另一种方式去找女儿。于是,女儿收到了装扮成促销员的父亲送来的冰糖梨水。观众在感动的同时,也对小熊电器有了深刻的印象,小熊电器也为此获得了不错的销售业绩。

延伸阅读:

很多媒体都有多多少少的部分是依靠广告收入赢利的。尤其对于免费电视、互联网、一些报纸(各个国家情况不同)和一些特殊类型的杂志(如高端时尚类杂志)等媒体来说,广告收入占据非常重要的地位。

其他媒体则主要通过受众付费赢利。受众付费包括订阅或者零售模式:"零售"经营很大程度上受轰动效应的驱动,媒体产品能引发轰动效应或是平淡无奇,其销售额和利润都会随之发生巨大变动。现代音乐和电影、消费类图书,以及黄色报纸等,都是典型的轰动效应驱动型媒体。此外,还有另一类媒体,收入主要基于订阅模式,比如全国性的高质量报纸或者周报和付费电视等。

当然,这三种类型的赢利模式特征迥异。广告收入赢利模式取得成功的关键要素是在广告主目标受众群体中的"到达(reach)率"(能接收媒介产品的受众的数量);零售收入模式的最重要因素是对媒介产品的管理;而订阅收入模式的管理目标则是优化客户终身价值,其中一个关键参数就是客户的整体满意度、顾客亲密度。

一些媒体是典型的大众媒体,其赢利基础是使受众达到范围最大化,即在一个范围较广的目标群体中实现受众人数最大化,如电视产业要在14～49岁的人群中实现受众最大化,但媒体并不直接接触每个受众个体。典型的例子是免费电视和零售的报纸杂志,这些媒体运作的关键技巧就是要通过市场调查了解大部分受众的需求,创造能吸引大众的内容,将内容组合集纳,面向大众进行市场营销。

另一些媒体则集中精力与受众建立个人关系,他们知道每位顾客的姓名和地址。订阅模式的印刷媒介、付费电视有线运营商和网络服务提供商是这类媒体的典型。它们的重点是开发最有价值的用户,优化ARPU(每用户平均收入,Average Revenue Per User),并降低用户流失率。在这类媒体中,有一个特殊类别,主要是面向一些经营教育、学术、金融、商业信息的机构,而不是面向个人客户终端的媒体,它们需要用B2B(企业对企业,Business to Business)的方式制定内容、销售和营销策略。

——〔荷兰〕安妮特·爱丽丝、〔比利时〕雅克·卜黑:《媒介公司管理:赢取创造性利润》,王春枝、刘涛、苏林森译,清华大学出版社2011年版。

二、规模生产与个性消费相结合

跨媒体营销需要以客户的不同需要作为出发点,这就要求产品本身求新、求异、求美的个性化品质得到充分发挥,个性定制产品的消费时代已经到来。但是如果消费者的每一个具体的需求都能够通过产品获得满足,产品就无法做到批量化生产,其成本的增加就会成为制约生产的最大瓶颈。而跨媒体营销从某种程度上能够有效缓解上述压力。

1. 通过线上预定方式解决规模生产与个性消费的矛盾

线上预定方式能够使规模生产与个性消费之间的矛盾在一定程度上得到缓解。商家根据网络市场调查,将产品的一些特殊功能、外观等参数进行可选择性设计，再通过互联网平台征集预定数额、客户对产品意见的反馈，同时进行有组织、有准备的小规模生产，这样既可以降低成本，也能够使消费者的个性需求在一定程度上获得满足。通过上述方法，产品开发、设计、生产、销售等环节都通过媒介平台进行了充分共享与互动。

2.扩大品牌及服务个性化空间

如果说产品生产耗费的是物质成本，那么扩大品牌宣传，则需要对媒介营销提出更高的要求。如果品牌通过媒介被定义为一种个性化需求，那么很大一部分消费者就能从对产品的个性需求转移到对品牌的认可上；与此同时，将服务环节及流程进行个性化定制，也是满足个性消费需求的一个有效途径，甚至能够以此为基础建立产品与用户之间的情感纽带。

上述个性化消费的策略实际上并不需要在物质生产资料方面增加产品生产成本，充分利用媒介资源同样能够满足客户的需求。

概念术语：SNS 营销

SNS，全称 Social Networking Services，即社会性网络服务，专指帮助人们建立社会性网络的互联网应用服务。

SNS 营销的诞生与网络媒介的不断发展密不可分。SNS 社区在我国诞生的时间并不长，但却迅速发展成为广大受众喜爱的网络营销模式。SNS 营销充分利用了网站的平台共享功能，在六维理论的基础上进行营销链条传播，本质上是一种病毒传播手段，目的在于扩大产品的知名度与影响力。

要点提示：

规模生产与个性消费相结合，主要通过两种方式：一是通过线上预订方式解决规模生产与个性消费之间的矛盾；二是通过扩大品牌及服务个性化空间来降低生产成本，从而达到个性消费的目的。不论通过何种方式，跨媒体营销是达成这一目的的基本条件。

案例分析：三网融合下的 IPTV

IPTV 是电信、广电和互联网三大领域进行三网融合的特殊媒介形态，日益成熟且发达的数字技术和网络信息技术为其诞生提供了技术基础,主要利用宽带有线电视网将互联网、多媒体和通讯技术进行融合,提供全方位、多渠道、多种类的交互式服务。

实际上,IPTV便是我们日常生活中所说的交互式网络电视,它既具有计算机特质,同时也具有电视特质。其本质是一个多元化的终端,接收来自不同媒介平台的内容;其内容渠道既可以是电视台,也可以是报业集团,当然也可以是互联网。IPTV通过高效视频压缩技术和高效的传输速率,在电视上播出各类视频或进行远距离视频点播。

从技术角度上来说,IPTV本质上是一种基于Web架构的电视形态,传统的电视节目内容通过TCP/IP协议被因特网通道输入到电视终端,受众通过机顶盒收看节目。这也能看出,IPTV就是融合了网络与电视的新型媒介形态。

IPTV是媒介竞争过程中出现的良性产物,标志着电视传播技术的不断变革与发展。当下,IPTV正以强大的传播效率、有效的互动模式以及自由、个性化的服务满足广大受众的需要,它必将成为未来电视媒体发展的方向。

延伸阅读:

命名是力量的展示,给人一种居高临下、一切尽在掌握之中的优越感。能够命名无名之物的人是超人,能够命名难以名状之物的人无疑是圣人。黑格尔用“异化”这个词来说明人被自己创造的东西所控制这一现象。马克思进一步提出了“劳动的异化”这个概念,揭示了资本生产过程中劳动者被自己创造的资本所奴役这种社会悲剧。鲁迅用“阿Q精神”来概括欺弱怕强、麻木健忘、自轻自贱、以精神胜利聊以自慰等病态人格。弗洛伊德用“潜意识”这个概念,让“理性”下面潜藏暗涌的“本能”一下子进入了大众的视野。每一个社会都有调整社会关系和交往行为的明文规则,但是,中国人大都能感觉到真正规范人们关系与行为的往往不是这些明文规则,而是另外一套社会默认的约束和调节机制。当代历史学家吴思名之为“潜规则”。麦克卢汉同样也是一位超人。在所有人包括学者们都习惯性地认为传播效果来自于具体传播内容的时候,麦克卢汉却高度肯定了媒介本身的巨大威力和深远影响,口出“媒介即讯息”这一惊世骇俗之言，并以“地球村”之名喻示今天环球一体的情状。

须知，早在1838年，电报的发明者莫尔斯(S. Morse，1791—1872)就预见到了20世纪“地球村”的出现。他写道，不久“大地将遍布通讯神经，它们将以思考的速度把这块土地上的消息四处传播，从而使各地都会成为毗邻”。奈何，描述与命名不可相提并论！自然，扬名立万的是麦克卢汉而不是莫尔斯。此所谓，察常人之未察，言常人之不能言。

有了语言，人的思维得以从具象走向抽象，从具体上升到一般，人类思考和把握世界的能力才得以不断提高。原始语言的词汇大都指向具体事物，极少对事物进行类型层次上的概括。这与婴儿的认知特征相似。比如气球，婴儿开始只能认识具体的一个气球，后来逐渐扩展到对所有同样事物的一个总体概括，知道“气球”这个“概念”。在对新事物不断命名并不断积累这些认知成果的基础上，人们的认知得以向更深更广更高的层次开进，人类文明发展的历史长河才成奔腾绵延之势。

——李明伟:《知媒者生存:媒介环境学纵论》，北京大学出版社2010年版。

第二节　跨媒体营销的成本控制策略

跨媒体营销的主要优势还包括能够有效利用不同媒介资源对营销成本进行控制。控制营销成本的手段主要包括如下两个方面。

一、通过降低价格达到规模销售、降低生产成本的目的

降价销售是生产企业进行市场竞争的重要手段，同时关系到企业销售目标的实现程度。跨媒体营销平台的运用，从某种程度上降低了营销过程中所产生的宣传成本，如果配合价格策略的使用，能够有效巩固企业在市场中的竞争地位，增强企业的核心竞争力。

1. 低廉的商品定价策略

跨媒体营销主要采用以互联网为主的新媒体营销模式进行商品线上交易，

在节约了实体店面营销渠道的成本的基础上，商品价格应当执行低价政策，以获取用户群体的广泛支持。

2. 针对不同用户采取浮动价位定制策略

通过跨媒体平台进行营销的商品，其交易过程基本通过互联网完成，利用相应的软件，对用户的不同需求进行不同的选择性定价，有助于扩大个性化购买空间，满足用户不同层次、不同角度的偏好。

3. 通过打折促销开展价格战

团购折扣、反季促销折扣以及组合搭配购买折扣是打折促销的三种主要策略。

折扣策略，同购买者购买商品的数量密切相关，购买数量越多，价格折扣越大，消费者越能够在价格上获得优惠。

反季促销折扣是指在非商品销售的当今季节里进行商品促销，消费者购买的是商品未来的使用价值。由于无法马上实现商品的使用价值，因此价格会低于常规价格。

组合搭配购买则是在购买一种商品时，同时搭配其他配件、同类产品等，进行捆绑式销售，以便降低营销成本。

概念术语:价格战

价格战通常指的是企业与企业之间通过降低商品的市场价格，来进行商业竞争的行为。最终目的在于打压产品的竞争对手，以占领更多的市场份额。

价格战是市场竞争的一种手段，具有较强的杀伤力，同时见效快，因此成为广大商家经常使用的策略。价格战依据对象不同可以划分为不同种类。

从营销角度来讲，价格战可以分为高价战与低价战，两者都有取胜的经典案例。高价战取胜的原因主要在于消费群体所注重的并非价格本身，而是商品自身的质量、性能与服务。

价格战的爆发存在相应的规律，通常来讲，价格战很少发生在高度异化的行业领域，只有在高度同质化的行业领域中，价格战才有可能打响。

要点提示：

降价销售是生产企业进行市场竞争的重要手段，同时关系到企业销售目标的实现程度。跨媒体营销平台的运用，从某种程度上降低了营销过程中所产生的宣传成本，如果配合价格策略的使用，能够有效巩固企业在市场中的竞争地位，增强企业的核心竞争力。

常用的降低价格手段主要包括低廉的商品定价策略、针对不同用户采取浮动价位定制策略、通过打折促销开展价格战三种。

案例分析：电视剧与新媒体相结合

媒介的不断发展使得传统媒介不断探寻新的信息传播渠道以吸引更广泛的受众群体。作为广播电视的重要节目类型——电视剧，也正试图将传统的剧情与新媒体进行融合，以获得更广阔的传播渠道。在这一方面取得突出成绩的当属韩剧的媒介融合营销手段。

将新媒体作为核心数字化平台进行营销，是电视剧进行媒介融合营销的典型手段。韩剧《来自星星的你》就充分运用了这一模式。首先，《来自星星的你》与视频网站爱奇艺进行合作，授予爱奇艺独家播放版权，与电视直播同步，同时还搭配了演员的访谈与幕后拍摄花絮，以获取粉丝们的关注。

在网络营销的带动下，仅在爱奇艺上，《来自星星的你》就在不到半年时间里获得了十几亿的点击率，同时利用网友的互动，获得了广告招商的新渠道。

与此同时，《来自星星的你》还针对剧情变化在网络上进行实时监控，甚至根据受众对剧情的喜好来量身打造故事，在锁定目标受众群体的前提下，使故事情节的发展更契合受众的喜好，最大化地发挥了剧情的效应。

总体来说，韩剧《来自星星的你》做到了媒介传播形态、故事内容编排以及制作流程上的全方位媒介融合营销，充分利用了媒介资源，一改传统电视剧单一媒介营销渠道的模式，获得了更广阔的市场空间。

延伸阅读：

在 1938 年 10 月 30 日播出的《世界大战》广播节目引发社会恐慌之后，社会学家迫切想要弄清楚为什么电台广播会产生这样的影响。从新闻报道可以看到，当时社会发生了广泛的恐慌，有很大一部分人相信入侵正在发生，有关自杀和自杀未遂的谣言大行其道。普林斯顿大学组成的一个研究小组希望确定恐慌发生的真实范围，以及了解为什么这个广播会对人们产生惊吓而其他的科幻小说广播却无此效果，同时为什么只有一部分人受到惊吓而另外的人却安然无恙。收听率调查公司估计约有3200万人在夜间收听广播，通过对这些数据进行研究以及将它们与其他信息来源进行比较，普林斯顿的研究者们估计有600万人收听了至少一部分节目，并且约有100万听众实际上相信入侵是真实的。没有发生自杀，同时报道所称的自杀未遂也都是未经证实的传闻。

那些受到《世界大战》广播惊吓的听众，实际上是受到了节目戏剧技巧的愚弄，比如他们听到了模拟的"现场报道"和专家访谈。研究者们还发现，许多听众都已经将广播视为突发性新闻的基本和最可信的来源。那些换台的听众受到的惊吓尤为强烈，因为当他们在试听其他电台并在找他们最喜欢的节目时，往往没有注意到节目开头告诉听众该节目并非新闻报道的免责声明。同样重要的还有当时的社会环境——美国人在大萧条期间已经经历了数年的经济困境，而现在又面临着被拖入全球政治战争的威胁。在那时，听众就已经感受到他们自己处在灾难的边缘，并相信不好的事情可能在任何时候发生。

至于为什么有的人受到了惊吓而有的人却没有，研究者针对这个问题发现，那些不擅长批判性思考以及逻辑分析和推理能力差的人最容易被广播吓住，同时那些宗教信仰很深、一开始情绪不太稳定，以及那些和相信广播的人一起收听节目的听众也更容易上当。

——〔美〕乔治·罗德曼：《认识媒体（插图第2版）》，邓建国译，世界图书出版公司2010年版。

二、通过制定合理的营销路径来降低成本

跨媒体营销绝不是完全摒弃传统营销路径，采取全新的网络直销，而是将网络销售渠道与传统销售渠道紧密结合，以实现销售渠道的延伸，使产品通过不同销售渠道到达千家万户，获得最庞大的受众群体。

1. 传统销售渠道仍然是相当一部分商品的主要销售途径

由于交通运输业不发达、网络覆盖范围有限，中小城镇、农村的商品买卖仍然只能通过传统实体店铺或市场来实现。

对于一些体验性商品或服务来说，也只能依靠传统销售渠道进行销售，例如餐饮、美容、理发等行业。尽管可以通过网络进行宣传与交易，但消费行为只能在实体店铺完成。

另外，一些消费者由于不习惯，或者无法接受网络购物的烦琐程序，或者对网络消费程序不熟悉，也会坚持采取传统消费渠道。

2. 新媒体销售渠道是扩大消费群体的主要手段

利用新媒体平台进行产品营销，不仅能够拓宽消费路径，而且还能够消除实体店铺销售在时间及空间上的限制，使销售行为在任意时间、任意地点自由进行。

新媒体营销渠道对扩大产品的知名度及影响力功不可没，网络媒体的传播力量是传统广告所无法比拟的，且同时能够将与产品相关的不同领域、不同部门进行资源整合，打造完整的生产、销售、售后服务一条龙。

需要说明的是，在进行多渠道营销路径融合时，还需要将消费群体、企业自身条件、营销环境进行客观评价考量，这样才能制订出最合理、最便捷、成本最低的营销方案，在满足客户需要的同时，提高销售业绩，减少营销费用。

概念术语：边际成本

在经济学和金融学中，边际成本指的是每一单位新增生产的产品（或者购买的产品）带来的总成本的增量。这个概念表明每一单位产品的成本与总产量有关。比如，仅生产一辆汽车的成本是极其巨大的，而生产第 101 辆汽车的成本就低得多，生产第 1 万辆汽车的成本就更低了（这是因为规模经济）。但是，考虑到机会成本，随着生产量的增加，边际成本可能会增加。还是这个例子，生产新的一辆车时，所用的材料可能有更好的用处，所以要尽量用最少的材料生产出最多的车，这样才能提高边际收益。

运用边际成本法获取信息,对企业管理者进行相关分析和决策具有重要的指导作用。

要点提示:

跨媒体营销绝不是完全摒弃传统营销路径,采取全新的网络直销,而是将网络销售渠道与传统销售渠道紧密结合,以实现销售渠道的延伸,使产品通过不同销售渠道到达千家万户,获得最庞大的受众群体。

常用的能够降低成本的营销路径主要是通过传统营销渠道与新媒体营销渠道相融合得以实现的。

案例分析:全媒体打造“全媒体时空”

在全媒体环境下,如何充分利用不同种类媒介资源,打造新型的、独具特色的品牌节目,是时下媒介机构最关注的核心问题。2013 年 1 月 1 日,凤凰台推出一档全新的电视节目《全媒体时空》,就是充分利用不同媒介资源,从而获得高收视率的。

《全媒体时空》是凤凰中文台晚间的一档新闻资讯类节目,每周一至周五晚上 18:39 在凤凰卫视中文台、欧洲台、美洲台、凤凰新媒体、U－RADIO 平台同步直播。节目将不同类型媒体资源进行充分融合,针对每天的热点话题,与受众进行讨论,实时互动。

从内容上看,《全媒体时空》融合报纸、广播、网络、微博、微信等不同渠道的媒介信息,将其进行汇总,信息量丰富而多元。从形式上看,节目中既有常规电视栏目的点评,又有现场互动,受众与节目之间的关系呈现出多元化状态。

从演播形式上看,《全媒体时空》也进行了同常规新闻播报节目相比更具突破性的革新。为了体现一种真正意义上的“全媒体时空”理念,演播室采取了 3D 立体布景,同时还采取了太空舱设计样式,利用触摸式互动屏幕,使演播室背景更为丰富。主持人的作用不仅是串联节目内容,还要将不同的媒介完好地连接起来,进行多媒体设备操控,将节目内容通过不一样的媒介平台展示给受众。

利用这种方式进行的节目设计,使《全媒体时空》成为一种全新的电视新闻样式,也使《全媒体时空》成为诸多同类电视新闻节目学习与借鉴的对象。

延伸阅读：

最为重要的因素是传播媒介本身由“一系列的社会关系调节，这些关系的作用是指导、过滤和阐释媒介经验”（麦奎尔，1997:8）。那就是说，人们调节媒介的影响。举一个简单的例子，试想一小群人正在看电视。一个吹嘘产品的商业广告出现在屏幕上。其中一位试用过该产品的观众，对其效果甚感失望，于是对着电视大叫：“你们都是一群骗子！”这个人为其他观众有效地“调节”了电视广告的信息，有可能限制了该广告从这群观众中获取顾客的潜力。社会的调节能力在其他情况下被证明也很有效。例如，家长们与孩子们一起观看暴力电视时，可以通过提问和批评的方式，限制其对孩子的影响。家长们也可以同孩子们讨论电视上有关“对社会有利的”主题，比如相互帮助、同甘共苦，以便于强化正面的信息。教师们能够在课堂上使用录像和电视教词汇和思维技巧。这种社会调节影响还随不同的文化语境而不同，给媒介影响过程的不确定性增加更多的层次。

媒介研究的第二次浪潮的历史反映了受众这种积极的角色。它不像直接影响观点那样令人悲观。因为，当人们以自己独到的方式面对大众媒介时，它给人以信心。没有人说媒介从不影响人。但是，正如人们首先想到的，媒介的影响不是已决定的或绝对的。假如理解再深入一些，受众不再被理所当然地理论化为媒介影响的“受害者”。更复杂的理论观点被叫作有影响。因此，无论媒介对受众的影响如何，都会受到其他因素的调节和限制。

——〔美〕詹姆斯·罗尔：《媒介、传播、文化：一个全球性的途径》，董洪川译，商务印书馆 2012 年版。

第八章　跨媒体营销:问题与展望

本章内容:

发展到今日,跨媒体营销行业已形成一定规模,但若想让跨媒体营销平台获得更广阔的发展空间,还需要对跨媒体营销所面临的问题进行详细分析,得出客观结论,使其能不断健康发展。

人才缺失与人才培养、盲目发展与监管不力是跨媒体营销及跨媒体平台所面临的两个重大问题,对上述两大问题进行深入剖析并得出有效结论,是本章的重点内容。

第一节　跨媒体营销所面临的问题

要使跨媒体平台实现良性发展,需要对其当前所面临问题进行具体分析。

首先,跨媒体人才的缺失是这一行业当下所面临的最大问题,不论是平台内容制作人才、技术服务人才还是营销人才,均面临着专业化队伍建设的难题。

尤其对于跨媒体营销人才来说,媒体从业者的知识结构单一、流动性大是造成这一不利局面的原因之一。尤其是体制之外的网络媒体及其他新媒体,人员的跨行业流动更加频繁。

上述问题导致了跨媒体营销行业缺乏竞争力,即便有一定数量的从业人员，但由于专业化程度不高，无法使跨媒体平台的优势完全发挥出来。

其次，跨媒体行业面临着多重监管，发展速度及规模均因此而受到限制。就当下的媒介监管环境来看，不同的媒体由不同的监管部门来管理，广播、电视、杂志、报纸均有相应的监管部门，各个媒体均拥有各自行业领域内的优惠政策、优势资源。

跨媒体行业一旦建立起来，就不得不面临复杂的规章制度，立体、宏观、全面的管理手段难以形成。同时，媒体之间的监管渠道存在隔阂，资源无法实现优化配置。需要说明的是，国家的行政组织按照职能进行划分，其划分方式基本是纵向的，尚且没有形成横向的跨媒体管理部门。这就限制了跨媒体平台的发展，诸多实力强大的媒介集团无法进行重组和扩张，行业发展速度受限，甚至一些新媒体行业不得不依靠传统媒体的内容及营销模式进行自我发展，无法满足新媒体自身的发展需求。突破纵向管理的界限，建立横向媒介监管平台，是解决这一困境的有效路径。

最后，传统媒体需要应对大众媒介数字化转型的挑战。实现跨媒体营销需要具备适应媒介融合渠道的内容及产品，因此，传统媒体就不得不进行数字化转型。在这一背景下，传统媒体将面临更复杂的竞争局面，政策及内容上的垄断也将被数字化平台所打破，资本的大量需求及营销理念的转变使跨媒体平台在发展过程中面临诸多阻碍。

概念术语：媒体监测

媒体监测是媒体对特定的对象进行内容上的集中收集，同时对内容进行详细分析，并进行问题反馈。上述内容以媒体监测报告的形式出现，是政府机构及时掌握重要信息，从而进行科学决策的参考依据，同时也是广告公关和营销活动效果好坏的衡量标准之一。

在媒介发达的今天，媒体监测已经越来越成为企业在市场营销和公关行为中不可或缺的组成环节。

要点提示：

跨媒体平台所面临的问题主要包括人才的缺失、监管局面的复杂以及传统媒体的数字化转型。只有行之有效地解决上述问题,才能够使跨媒体平台的优势得到最大限度的发挥,获得最佳营销效果。

案例分析:央视少儿频道利用新媒体进行节目营销

灵活运用不同媒介的营销手段,巩固和开拓已有受众市场,以提高收视率,是央视少儿频道所采取的营销策略。

以往的少儿频道营销模式是单向度的,仅仅是从低龄受众角度入手,通过广告宣传来扩大影响力。伴随着新媒体的发展,单向度的营销手段变成了受众广泛参与的双向互动营销,这一过程通过网络媒体得以实现,网络上的互动平台取代了传统营销过程中的读者来信,手机也逐渐参与到互动过程之中,新媒体成为中央电视台少儿频道与受众之间主要的沟通桥梁。

与此同时,少儿频道的一些比赛也通过网络、手机投票等方式,使更多受众关注节目,提高了节目的知名度与收视率。

延伸阅读:

即使没有那两个字母"n",经典(canon)也是个极具爆发力的词。编辑一本题为"经典文本"的书,不啻令自己身陷战争的泥潭——自从在耶路撒冷的一次会议上产生了这个想法后,我们就走过了这样的历程。后来,在阿卡普尔科(Acapulco)国际传播学会的一次会议上,一位同僚愤然指责我们:"你们不能那样做!"而朋友们则劝阻:"若你们真要编这本书,不妨换个标题,比如'基础''原创'或者'权威',但别贸然使用'经典'。""为什么不能呢?"我们反问道。结果,又一轮炮轰开始了。

"经典文本等于权威,"有人说,"那就意味着我们要对现有文本作出取舍,选择一些,忽视其他。""应当由谁来选择?"又有人问。"像通常那样,由那些资深和优秀的人来选。"答案出来了。"开列书单有碍创新,"有人告诉我们,"给我们创新成果,而不是纪念性作品。""这只是个研究领域,不是个学科;我们应该天马行空地漫游,就算偶尔迷路,也强过拾人牙慧。"有人说。另一个人说:"这甚至连一个研究领域都算不上。媒介研究仅有五十年历史,现在确定鼻祖为时过早。"他补充说,"另外,我们的任务是与变迁中的现实打交道,而不是挖掘陈年旧账”。

简而言之，同僚对这本书的反对意见集中于诸多限制可能带来的危险，以及对摆脱权威、准则、方法与传统，实现回归自由的渴望。我们不会屈服，甚至不会放弃“经典”的提法。这并不等于对批评的观点的全盘否定，但在大方向上我们绝不会动摇。我们希望这项工作能对致力于传播学这一跨学科领域（是的，是领域）的学者们有所裨益。

具有讽刺意味的是，尽管洛文塔尔手握如此出色的方法论武器，他的绝大多数论述和观点后来都被证明是错误的。一方面，不难发现，洛文塔尔眼中那些“对旧工业秩序构成威胁”的消费英雄其实是“第三次工业革命”的代表与载体，他们的出现折射了知识、信息与电子科技的进步。另外，还有一个事实不容忽略，即社会重心从生产转向消费的过程创造了大量社会财富与自力更生的人，其成就远远超过“第二次工业革命”。如果说体育和电影明星轻而易举地取代了传统工业精英成为人物传记的主角，那也是因为这些明星及其所在的领域业已成为资本主义历史上最为庞大的财富来源。此外，被道格拉斯·凯尔纳（Douglas Kellner）贴切称为“技术资本主义”（Techno－capitalism）（1989）的信息资本主义，早已通过教育渠道促成了新型社会流动的形成。事实上，专业人士与“新型文化中介”（New Cultural Intermediaries）已然成为中产阶级与上流社会的主体。社会流动渠道更加多样化，早非强调“领导权”与“绩效”的19世纪达尔文主义可比（Bendix，1956；Whyte，1957）。

另外，休闲文化并不必然意味着工作时间的减少。事实上，情况恰恰相反，随着大众娱乐的普及与风靡，人类的劳动强度反而大幅度提高，工作时间也大幅度增加。对此，茱迪丝·肖尔（Judith Schor，1991）在其对美国劳动类型的历史分析中作出了清晰的阐释。而且，诚如阿莉·霍赫希尔德（Arlie Hochschild，1997）所言：人们越来越不爱待在家里，反而将秩序井然的工作环境视为避难所，以此来逃避家庭中的繁重劳动。事实上，消费资本主义建立在福特主义（Fordism）的基础上，高度组织化使得劳动变得更加高效而理性，这只会极大提高生产力。早期资本主义（所谓工业资本主义）与晚期“消费”资本主义之间的区别在于劳动场所的转移。在消费资本主义中，身体已成为持续、艰辛工作的客体，而劳动的荣耀与乐趣则因人在面对自我时的严重焦虑态度而强化。所有这些，都与洛文塔尔眼中的“没心没肺的享乐主义”相去甚远。

在洛文塔尔的文本以及当下始终困扰我们的问题与窘境之间，产生了强大的共鸣。尤其是，该文提出了一个理解文化与经济关系的重要视角，它所探讨的问题我们今日仍须面对，因为自始至终都没有一套理论可以弄清我们与资本主义之间错综复杂的关系。在诸多层面上，洛文塔尔的文章都见证了我们的矛盾心态，以及我们在考察文化究竟应在当下经济与社会秩序中扮演何种角色时的束手无策。

——〔美〕伊莱休·卡茨、约翰·杜伦·彼得斯、泰玛·利比斯编著：《媒介研究经典文本解读》，常江译，北京大学出版社 2011 年版。

第二节　展望

伴随着传播媒介的不断发展，跨媒体营销已成为商家的惯用营销手段。未来媒介技术的发达也使得跨媒体营销面临着日趋激烈的竞争。跨媒体平台凭借其多渠道的传播方式与完善的服务配套设施、对个性化消费需求的满足，被媒体机构广泛使用。

然而，需要说明的是，跨媒体平台同媒介融合并不完全一致，它的存在实际上是通向媒介融合的一个重要途径，如果要实现真正意义上的新媒体营销，媒介融合也必须为跨媒体平台所关注和重视。对媒介平台的重组、组织架构的重新设计、业务流程的设定以及人才培养方案的全面考虑，是完善跨媒体营销手段的重要举措。

在未来的媒介生活中，不论是平面媒体还是网络媒体，跨媒体与融合媒体都将成为各类媒介向前发展的主要推动力量。

从行业发展进程来看，不论是跨媒体营销还是真正意义上的新媒体营销，发展至今仍处于初始阶段，尽管在有些方面已经初具规模，但一些探索和问题尚未解决，媒体行业在发展过程中所面临的体制问题、机制问题、行业管理问题等，均限制了其优势的发挥。但是，跨媒体营销是我国传统媒体及传统产业的最终选择，为这一营销模式制订出符合我国国情，且利于其在全球市场中发展的战略计划，充分考虑长远利益，实现跨媒体营销的最终目标，将成为媒介生态领域及市场营销领域共同的工作重点。

概念术语：大数据

大数据（Big Data，Mega Data），或称巨量资料，指的是需要新处理模式才能具有更强的决策力、洞察力和流程优化能力的海量、高增长率和多样化的信息资产。[①] 大数据的特点被概括为4V，即Volume（大量）、Velocity（高速）、Variety（多样）、Value（价值）。大数据通常被划分为大数据技术、大数据工程、大数据科学和大数据应用等四个方面，通常应用最为广泛的是大数据技术和大数据应用。

要点提示：

跨媒体平台是媒介融合大平台发展过程中必然经历的环节，同时也是传统媒体及新媒体未来发展的方向，制定相应的政策及策略，给跨媒体营销营造一个良好的环境氛围，将使这一平台的优势得到最大程度的发挥。

案例分析：《神探夏洛克》的跨媒体营销策略

对于传统影视产品来说，跨媒体营销往往要比单一的营销模式更能获取广泛的受众群体。《神探夏洛克》就是一个非常成功的跨媒体营销案例。

在《神探夏洛克》中，与角色有关的东西均能在现实中找到，剧情与现实之间的纽带被一个个物品连接起来，例如其中的经典台词被印制在T恤上，而剧情中出现的虚拟社交网络，也就是夏洛克的网站"The Science of Deduction"和华生医生的博客，均向广大受众开放，电视剧的知名度通过网络媒体被提高了。

延伸阅读：

中央下定决心整治暴力强拆现象，但由此导致地方政府利益无从保证，新法规久久未能出台，在废旧立新的空档期，2010年案件继续高发、网络上曝光的

---

① 杨旭、汤海京、丁刚毅：《数据科学导论》，北京理工大学出版社2014年版。

各类喊冤帖层出不穷，直到“宜黄强拆事件”出现。

“宜黄强拆事件”让媒体（包括传统媒体和网络、微博等）成为“抗争专家”，这是拆迁维权最重要的意义（吕德文，2012）。媒体报道时，不仅仅记录，甚至直接参与到整个抗争过程的构建；而被拆迁户钟家姐妹也有效地运用了微博等社会媒体，壮大自身对抗政府的实力。可以说，在这一事件中，传统媒体、新媒体和整个社会一起帮助钟家姐妹完成了维权抗争。

2010 年，有关拆迁事件的传统媒体报道达到近十年的顶峰，有 3063 篇，还不包括网络上的海量相关内容。这一阶段，各类被拆迁户开始频繁运用新媒体手段抗争维权，如江西上饶拆迁事件中，当事人从冲突一开始就不断上网发帖，在凤凰网造成影响后又二次进京“求凤凰网删帖”，公众高度关注；“山西 10·30 违法强拆事件”中，被打死的被拆迁户之子，复旦大学博士生孟建伟通过 QQ 空间、微博连续发布拆迁日记、奔丧日记，维权申冤；福建省莆田市秀屿村 500 名拆迁户，整理出完整的控诉材料，图文并茂地在网络上发帖求助。媒体态度方面，越来越多地倾向于被拆迁人的权益保护，塑造被拆迁者的弱者形象。在越来越多的实践中，媒体充当抗争专家，动态参与整个抗争过程的建构。

2011 年 1 月 19 日，经过两轮向社会公开征求意见后，《国有土地房屋征收与补偿条例》正式施行。相比 2001 年的《城市房屋拆迁条例》，新条例对“公共利益”进行了明确界定，将政府作为征收补偿的唯一主体，对征收补偿的标准及方式进行了合理设置，从而更好地保护被征收人的利益；取消了原条例中行政机关自行强制拆迁的规定，规定由政府申请法院强制执行，强制搬迁者将被追究刑事责任（杨荣，2012）。

——郑雯:《媒介化抗争:变迁、机理与挑战》，华夏出版社 2015 年版。

图书在版编目(CIP)数据

跨媒体营销策划与设计/谭笑编著. ——北京:中国传媒大学出版社,2016.9
ISBN 978-7-5657-1775-8

Ⅰ.①跨… Ⅱ.①谭… Ⅲ.①营销策划 Ⅳ.①F713.50

中国版本图书馆 CIP 数据核字（2016）第 199340 号

跨媒体营销策划与设计
KUAMEITI YINGXIAO CEHUA YU SHEJI

编　　著　谭　笑
责任编辑　王雁来
装帧设计指导　吴学夫　杨　蕾　郭开鹤　吴　颖
设计总监　杨　蕾
装帧设计　徐源、刘欣怡等平面设计创作团队
责任印制　阳金洲

出版发行　中国传媒大学出版社
社　　址　北京市朝阳区定福庄东街 1 号　邮编:100024
电　　话　86—10—65450528　65450532　传真:65779405
网　　址　http://www.cucp.com.cn
经　　销　全国新华书店

印　　刷　北京中科印刷有限公司
开　　本　787×1092mm　1/16
印　　张　11
版　　次　2016 年 9 月第 1 版　　2016 年 9 月第 1 次印刷

书　　号　ISBN 978-7-5657-1775-8/F·1775　　定　价　32.00 元